U0348929

文案卖货

2小时上手，3步用好

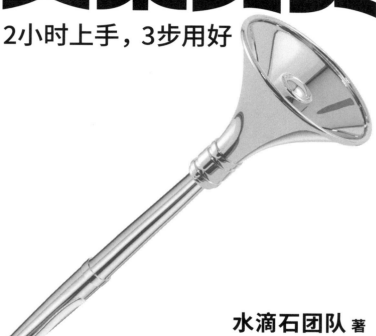

水滴石团队 著

机械工业出版社

CHINA MACHINE PRESS

《文案卖货》共分为4章，带你从方法到案例，抓重点、解疑难，2小时上手水滴石团队十年磨一剑的独家文案卖货秘籍。

第1章，2种千万级文案卖货方法。它们能帮你快速吸引潜在客户，并促进销售增长。

第2章，卖货文案范文逐字逐句揭秘，让你看到文案卖货的全过程。读懂这个案例，你就掌握了这套方法的精髓。

第3章，10个卖货文案重点步骤详解。手把手教你写出一气呵成的爆款卖货文案。

第4章，14个文案卖货常见疑难场景。学会举一反三，你就能在不同项目中熟练运用这套方法。

本书是一本极简文案卖货指南，无论你是初学者还是有经验的资深人士，都可以从中受益。

图书在版编目（CIP）数据

文案卖货：2小时上手，3步用好 / 水滴石团队著. — 北京：机械工业出版社，2024.2

ISBN 978-7-111-74627-0

Ⅰ.①文… Ⅱ.①水… Ⅲ.①品牌营销 – 广告文案 – 写作 Ⅳ.①F713.812

中国国家版本馆CIP数据核字（2024）第010195号

机械工业出版社（北京市百万庄大街22号　邮政编码100037）
策划编辑：解文涛　　　　　　　　　　责任编辑：解文涛
责任校对：王乐廷　薄萌钰　韩雪清　　责任印制：张　博
北京联兴盛业印刷股份有限公司印刷
2024年6月第1版第1次印刷
125mm×185mm·9.75印张·2插页·128千字
标准书号：ISBN 978-7-111-74627-0
定价：79.00元

电话服务　　　　　　　　网络服务
客服电话：010-88361066　机　工　官　网：www.cmpbook.com
　　　　　010-88379833　机　工　官　博：weibo.com/cmp1952
　　　　　010-68326294　金　书　网：www.golden-book.com
封底无防伪标均为盗版　机工教育服务网：www.cmpedu.com

我们不会写文案
我们只会写卖货文案

我们曾是文案理想青年

渴望写出大金句

一战成名

十数年来

我们四处偷师学艺

试遍大师们走过的路

方知文案最重要的

不是创意、不是有趣、不是金句

而是另外两个字
卖货

我们不想公开偷学所得

更不想大师们的真经失传

特将10年文案卖货方法

首次辑录在《文案卖货》中

等待与有志于文案卖货的同道中人相逢

——水滴石团队

我们不会写文案，
我们只会写卖货文案。

文案最重要的，
　不是创意、
　不是有趣、
　不是金句，
　而是卖货。

文案卖货清单（简版）

第1种情况　不能改产品，**初级文案卖货3步：吸简催**	
第1步	吸引关注：做新、做尖、做思
第2步	简介产品：购买理由、品类品牌、使命愿景
第3步	催促下单：大胆谈、转换谈、有激励
第2种情况　可以改产品，**高级文案卖货3步：找三能**	
第1步	找能买：找、改、跨
第2步	找能做：自己做、找人做、做标准
第3步	找能卖：渠道、场景、人群

文案卖货清单（详版）

步骤	动作		目的
调研	3角	消费者、竞争对手、企业自身	确定战略定位 找到卖货策略
	4P	产品、价格、渠道、推广	找到企业卖货过程中能强化的优点，要改善的缺点
	9状	成为第一、拥有特性、领导地位、经典、市场专长、最受青睐、制作方法、新一代产品、热销	找到文案好描述，消费者一看就懂、就想买的差异化购买理由
执行	第1种情况　不能改产品 **初级文案卖货3步：吸简催**		
	第1步	吸引关注：做新、做尖、做思	掩盖缺点的同时放大优点，从而快速卖货
	第2步	简介产品：购买理由、品类品牌、使命愿景	
	第3步	催促下单：大胆谈、转换谈、有激励	

步骤	动作		目的
执行	第2种情况　可以改产品 **高级文案卖货3步：找三能**		从消费者更快买、买更多、长期买的角度，指导企业开发好卖的产品、整合好用的资源和重塑动销的渠道。可以说是以文案卖货全盘指导企业创业
	第1步	找能买：找、改、跨	
	第2步	找能做：自己做、找人做、做标准	
	第3步	找能卖：渠道、场景、人群	
检查	消费者、人性、真诚、测评日记、战略、购买理由、形容目的、证据、通俗借势、少讲故事、重复坚持、短、变、结构、聊天、抄、转换、算账、词性、筛选、策略、产品、价格、多写熟练、别怕长、省、脸皮厚、热情、知识、自制排行榜、慎用情感、扩散		33个不变的文案卖货法则，逐一检查，让你的文案吸引消费者一买再买

企业要好过，
要学会卖货。

> **99%的社交媒体博主，第一桶金靠文案卖货。**

自序
不懂文案卖货，企业的战略将无从表达、没有结果

文案卖货不只对战略很重要，它对任何战略的落地也非常重要。开宗明义，我们有必要先从文案卖货的重要性说起。

第一，文案让战略能理解

很多企业老板会纳闷："文案卖货这么小的一个点，还要我关注吗？我要关注的是战略。"

恰恰相反，我们认为**企业老板一定要懂文案卖货，这样战略才能开花结果。如果你不懂文案，你的战略将无从表达，因为战略的所有东西都依赖于文案转化成概念，不懂文案，你是不可能精准表达的。**

定好战略之后，消费者能看到的信息，无非就是话术和画面。话术就是我们这里说的文案，如果没有

文案做基础，产品海报、户外广告等画面，消费者压根就不知道企业要传达的是啥。

画面更有想象力，但没有文案界定准确意思的画面，更多时候带来的是误解。

这就是老板们一定要关注文案卖货的根本原因之一。

第二，卖货让战略有结果

当然，光是准确表达了战略还不行，还得卖货。如果它的定位、广告语完全不卖货，不是战略定错了，就是文案没写好。

毫不夸张，如果你的文案不卖货，文案表达的战略将失去意义、没有结果，说了跟没说一样。

比如王老吉，它的销售额得以从 1.2 亿元干到 200 多亿元，一度成为中国罐装饮料的第一，不容忽视的就是它从战略定位到战术落地的主要环节，文案都写得非常卖货，前后一致，环环相扣。

战略定位：预防上火

广告语：怕上火喝王老吉

广告片文案：不用害怕什么，尽情享受生活。怕上火喝王老吉

这 3 个最最关键的文案，都是非常通俗易懂的卖货文案。

企业花了大价钱做战略，结果却不关注文案卖货，这不就等于花钱挑了个上百万元甚至上千万元的房子，连房子长得是不是跟自己要买的一样都不看一眼就收房？

这不是很离谱吗？

这个比喻也许没那么恰当，我们想表达的是，只关注重点，而不关注重点的执行情况，很大概率也会失败。

正确的战略，配上锋利的卖货文案，战略才算有了起步的基石。

这就是老板们一定要关注文案卖货的根本原因之二。

第三，文案卖货是第一步

一句话来说，不懂文案卖货，企业的战略将无从表达、没有结果。

文案卖货是所有战略走向成功的第一步，没有这一步，其余动作再华丽，都是空中楼阁。

回到消费者的视角，他们只会看到战略转化出来的文案和相应的设计。

战略设计这块，像某与某等战略落地公司，已经有不少深入的实践分享。而战略在文案上怎么做，却没有人系统说。

毕竟在广告营销圈，有文案卖货经验的人确实寥寥无几。我们正好是因为在微信公众号卖了10年书，在这方面有不少经验，所以特地出版这本书，和大家一起切磋一下。

本书最早脱胎于水滴石团队的4个内部教材：一个是把300万字定位全集浓缩为3万字精髓的读本《用好定位》，另外3个是在广告圈小范围流传的卖货文案教材《分步骤详解：如何写一篇转化超 12 万元的销售长文案？》《卖货文案详解：一篇卖 102 万元的文案撰写逻辑》《让客户一买再买的文案法则》。

做战略的人一直讲差异化，那么跟你的同行比，你做战略的差异化到底在哪里？从今以后，懂文案卖货也许就是你的一个强有力的差异化。

如果你战略学得很好，又精通文案卖货的话，那么你未来的优势将非常大。凡语言能到达的地方，就是你卖货的战场。

要学好文案卖货，首先必须用文案做好战略的翻译师，让战略简单通俗、显而易见，消费者一看就懂。然后，才是一看懂就想买。文案传达的战略能卖货，战略的所有其他动作才有了意义和良性循环的可能。

当然，我们希望在掌握文案卖货之前，你能拿笔写下这句话：**我不会写文案，我只会写卖货文案。**

这个信念，你我共勉。

水滴石团队

目 录

第四章　疑难
攻克这 14 个最难场景，卖货再也难不倒你 /221

附录
文案卖货 33 条 /274

后记
会卖货，更好过 /282

第一章　方法

初级文案卖货"吸简催"，高级文案卖货"找三能"

文案卖货，只有两种情况：

第 1 种情况，不能改产品。

当你拿到产品的时候，企业的产品已经成型，你改不了，哪怕它有一些缺陷。怎么办呢？你只能基于产品的既定事实去卖。

第 2 种情况，可以改产品。

当你发现产品有缺陷，如命名、设计、物流、促销、定价、渠道等不太好，你都可以跟企业商量，怎么去改善，会变得好卖。

我们一一来看。

初级文案卖货"吸简催"

第 1 种情况，不能改产品，我们上初级工具就够了，叫文案卖货"吸简催"。为了好记，我们戏称为文案卖货"洗剪吹"。

什么叫"吸简催"呢？本质上是放大优点，快速卖货。掩盖缺点的同时放大优点，从而快速卖货。

吸——吸引关注

　　卖货之前，你得用文案，让人注意到你。这是第1步，没有这一步，后面的卖货就无从谈起。

"

文案要卖货，
第 1 步就是，
掠夺大众关注。

"

第1步

吸引关注：做新、做尖、做思

文案要卖货，第1步就是，掠夺大众关注。

今天信息太多、干扰太多，户外的标题、视频前3秒、播客开场白，你不掠夺关注，焦点就不会落到你的品牌身上。

要快速掠夺大众关注，重点是做新、做尖和做思。

第一，做新

什么叫做新呢？

别人没说过，之前没听过，之前没做过。

看这些案例，开头一句话，就闻所未闻——

对一位艺术爱好者来说，这是一幅伦勃朗的古典名画；对一名医生来说，这是一个典型的乳腺癌病例（澳大利亚医疗福利基金会）

瑞典黑猩猩的投资方法（一个发家致富的靠谱方法）（信孚银行）

我从不看《经济学人》(《经济学人》)

如果你疲惫到连这篇文章都读不下去,那你更应该坚持读完(澳大利亚营养基金会)

本广告有一处拼写错误,第一个找出的人将获得500美元奖金(波记广告)

每磅1.02美元(大众汽车)

没有穿不坏的鞋,只有踢不烂的你(添柏岚)

伦勃朗的名画,头一回有人说,这是一个乳腺癌病例。另类的视角,一下子就让你想知道到底发生了什么。

我们见过巴菲特等大神讲投资,突然一只猩猩出来讲,就说你好奇不好奇吧?

《经济学人》杂志给自己打广告,说"我从不看《经济学人》",这反调唱的是哪出?你一定会瞧一瞧。细看才知道这是反讽,不读这杂志,才混到42岁还是一名管培生。

当你很疲惫的时候,人家广告不劝你好好休息,反而让你坚持读完。一下就对号入座了。

阅读一个广告，找个错别字就能赚 500 美元，该死的好胜心就起来了。

当所有的汽车都在讲设计、颜色、金融服务时，大众汽车按磅卖，每磅 1.02 美元。多新鲜。

再说大中华区近几年火热的小黄靴添柏岚，一个卖鞋子的说"没有穿不坏的鞋，只有踢不烂的你"，像是承认自己的鞋子不耐穿，其实是在精神上，换个新招儿拉拢你。

人对新东西是天然好奇的。做新，就是做到品类之内，你的对手没说过，你先说。

第二，做尖

什么叫做尖呢？

同样的话，你推到最极端去说。

大多时候，要做到对手都没说过，还挺难的。那么你能把同一句话、同一个意思，浓度放到更大去说，吸引关注也是一流的。

比如这些品牌的文案——

回答下面十个问题，算一算你的死期（奥尔巴尼人寿保险）

要是车子焊接不结实，车下写广告的文案得被压扁！（沃尔沃）

投票给工党就等于在这张纸上签字画押（英国保守党）

像讨厌它一样驾驶它（沃尔沃）

通缉：不愿为滑铁卢战役抛头颅、洒热血之人（陆军军官征兵处）

在这张照片中的某处，埃里克·希顿少尉奄奄一息（帝国战争博物馆）

我们恨化学（法兰琳卡）

死期、压扁、签字画押、讨厌、通缉、奄奄一息、恨，你品一品这些用词，几乎是把同一种情绪推到了无法再浓烈的边缘。

看一眼、听一句就有画面，像针尖刺破信息囚笼，眼球、耳朵立刻就被锁定。

第三，做思

什么叫做思呢？

提出一个消费者关心的关键问题，让他们陷入思考，进入你的节奏。

像下面这些案例，每一句话，都让你陷入沉思，跟着思考其中的深意——

哪个男人看起来更擅长打强奸官司？（法律学会）

第二名说它比别人更努力？跟谁比呢？（赫兹）

你是否想知道，如果男人来月经会怎样？（怀特医生）

这只鞋有 342 个洞。你要怎样让它防水？（添柏岚）

怎样杀死一个婴儿○? （妇女节活动）

沃尔沃经久耐用，不会影响生意吗？（沃尔沃）

洗了一辈子头发，你洗过头皮吗？（滋源）

○ 这是一个号召人们保护动物的公益广告，这里的"婴儿"是指海豹、海豚、鲸鱼等动物的幼崽。

一张照片三个男人，到底哪个更擅长打强奸官司呢？你开始思考了，没有答案，只好继续阅读。

那个一直说自己是老二所以更努力的品牌，它的对手，排名第一的赫兹起来反击了，你会不会跟它有同样的困惑——它这第二到底是跟谁比呢？

男人来月经会是啥样？添柏岚的鞋有342个洞，怎么做到防水的？妇女节怎么还讨论起怎么杀死婴儿了？沃尔沃那么耐用，会不会影响生意呢？我确实一辈子没洗过头皮，有啥麻烦吗？

只要你跟着品牌的反问，代入了思考，你就进入了品牌的"套"，掏钱也就相对容易。所谓关心则"乱"。

做新、做尖、做思，三招掠夺大众的注意力，才有后面的卖货。

套一套那些让你驻足、定睛、住手的文案，是不是多少都跟这三个思路有关？

简——简介产品

当消费者关注你之后，一定要快速简介你要卖的产品。重点甩给他，告诉他，这是一款巨牛的产品，跟你有关的巨牛的产品。一定得讲得跟消费者有关，很多人介绍产品，长篇大论只说自己的产品牛，消费者读完都不知道产品跟自己有什么关系，他怎么可能下单呢？

别光说产品牛，更要说产品怎么让消费者牛。消费者不关心你的产品牛不牛，他只关心他买了你的产品，他能不能变得更牛。

产品介绍一定要说清楚两部分：一这个产品很牛，二你用了也会很牛。所以，你需要它。

介绍产品的时候，
别光说产品如何牛，

更要说
消费者拥有了产品后
能变得如何牛。

第2步

简介产品：购买理由、品类品牌、使命愿景

掠夺了大众的关注，就要大大方方地介绍产品，让流量直接转到产品上。

我们发现很多人很害羞，流量进来了，文案还顾左右而言他，生怕谈产品会吓跑消费者。跟做贼一样心虚。

当然，要介绍好产品并不容易，至少要考虑好三个层面的事情。

第一，购买理由

对消费者来说，当他关注到你的品牌，他就准备好掏钱了，这时候最重要的是马上上购买理由。因为这是最直接帮他做决策的依据。

这也是为什么，我们一直说，千万不要怕谈产品，商业信息是消费者的刚需。买东西跟吃喝拉撒睡一样，是任何消费者的日常刚需。

你不要觉着，让他在你这儿花钱了，他就会恨你。

不会的。如果他真的需要这个产品，而你又恰好把好产品推荐给了他，他是很感激你的。

当你给需要产品的消费者介绍能帮他快速做购买决策的信息时，这时候的信息就是有用信息，他非但不排斥，还特别乐意看，流量自然就转到产品上了。

我们来看大众汽车，一则非常古早的卖货文案——

标题：大众奉行：人先于车

正文：在大众，我们总是为小不点儿们绞尽脑汁。

大众是最早制造适用无铅汽油车辆的汽车制造商之一。

大众率先制造出使用标准化催化剂的 Polo 系列小型轿车。

大众最早批量生产出世界上最清洁的轿车Umweit Diesel，也是最早用水基涂料取代有毒涂料的制造商之一。

也就是说，我们并不希望你是因为别无选择而购买大众汽车。

我们也不希望，你购买大众汽车的理由，仅仅是我们获得了年度"环保制造商"的殊荣。

毕竟，我们是最早在车头和车尾的撞击缓冲区使用增强版安全车体结构的汽车制造商之一。

第一个将后排安全带列为安全标准的汽车制造商。最早生产出自动驾驶汽车的汽车制造商之一。

在保护你的家人安全方面，相信我们，没有任何东西可以阻挡大众的努力。

落款：大众

　　画面上，一个婴儿坐在婴儿车里，正对着大众车的车头。不知道的还以为是事故前的急刹车，很吸引眼球。标题"人先于车"，既是说大众关怀人，也是对画面的双关呼应。

　　它的内文是怎样逐步介绍产品，合理承接流量的呢？

　　基本上就是紧扣产品，娓娓道来地把大众汽车在无铅汽油、标准化催化剂、清洁、无毒涂料、环保、车头车尾增强版安全车体结构、后排安全带、自动驾驶等方面的特点和第一，给介绍了一番。

而这些点，全是有孩子的家庭比较在乎的点，且正好能支持"人先于车"这个购买理由。

很耐心、很细致，有理有据，尽可能地诱惑消费者介绍清楚了产品。

回到消费者购买心理去介绍产品，就是为他们梳理购买理由，帮他们更快更好购买。

第二，品类品牌

像大众汽车，世人皆知，价格高决策重，消费者对它多少有了解，你帮他梳理下购买理由，他大概就知道怎么进一步决策了。

对于不知名的品牌，介绍产品还得说清楚品类品牌。 换句话说，你得把产品的品类和品牌一起介绍，消费者才知道买的是什么类别的东西。

比如这些卖货文案——

不喝生水，喝熟水，喝熟水对身体好（凉白开）

怕上火，绿盒更实在（王老吉）

地道辣条（麻辣王子）

今麦郎开创熟水新品类，得先宣传品类；王老吉开发了绿色盒装，直接宣布新规格价格更实惠；一个"地道"，就把麻辣王子跟卫龙区分开了。

我们常看大品牌的广告，大品牌有知名度，很少介绍品类，都是围绕品牌说自己的故事。

可回到品牌创建之初，**介绍产品，从大到小，从物质到精神，有三个层次：一是产品属于哪个品类、哪个品牌；二是它有什么用，用了有什么好处；三是用了它有什么意义。**

"爱干净的人都在用德佑，德佑湿厕纸销售额全网领先"，前一句说好处，后一句说品类；"Just Do It"是耐克给消费者的精神后盾。

我们大部分时候，介绍产品都只盯着第二层次——介绍用途、功效、利益、好处等实实在在的物质回报。

品牌没名气，零基础沟通，就要介绍产品的品类。

第三层次是最难的，产品的意义，通常靠情感沟通，而这是最费事、费时、费钱的玩法，没大钱的品牌根本玩不起。

记住，**第一层次产品介绍是差异基础所在；第二层次产品介绍是销售基本所在；第三层次产品介绍是信仰基因所在。**

第三，使命愿景

对消费者来说，有前两点就够用了。

而我们更容易忽视的是，产品是由企业的员工，团队协作研发、生产，再卖给消费者的。

对于企业内部人来说，产品不仅是卖给消费者的产品，更是跟企业发展紧密联系在一起，关乎他们的切身利益。

因此，**对内来说，介绍清楚产品，就是把企业的使命愿景讲清楚。**

这方面，最具代表的是阿里巴巴。它的使命（利他）是"让天下没有难做的生意"，愿景（利己）是

"做一家活102年的好公司"。

企业只有把利他利己介绍明白了，员工才有奔头，才知道在这家企业干活，能做出的最大贡献是什么，能实现的最大梦想是什么，能得到的物质、精神收益的天花板在哪里。

从这个角度，你可能就更能理解，什么叫战略决定企业文化。

购买理由、品类品牌、使命愿景，是从消费者到企业内部介绍产品，层层递进的。

最后我们要再叮嘱一次：介绍产品的时候，别光说产品如何牛，更要说消费者拥有了产品后能变得如何牛。

催——催促下单

很多人，卖货文案写到最后，就缩手缩脚，不敢临门一脚催促大家买买买。就好像叫消费者买自己的东西，跟杀人放火、要他的命一样。

再强调一遍，商业需求是人的刚需。如果消费者需要这个产品，你在适当的时候推荐给了他，你觉得他会恨你吗？他会因为你的推荐花了钱买产品就恨你吗？绝对不会。相反，如果你的推荐，他需要，产品又很好，他还会感激你。如果你想不通这一点，你就永远不可能进入文案卖货的状态。

谈好价格，大大方方催人买。

> **4P 哪个最难?**
> **很多人说是产品,**
> **其实是价格。**

第3步

催促下单：大胆谈、转换谈、有激励

掠夺了大众关注，介绍了产品，最后一步就要催人下单。

催人下单的关键，就是谈价格。怎么谈价格，才会更好卖呢？

第一，大胆谈

对于不少从业者来说，比羞于介绍产品更害羞的，就是羞于谈价格。

我们必须要说一句，如果你大费周章，引人进来，给人介绍了一通产品，但临门一脚还不谈价格不催人下单，那性质可就相当恶劣了。它的恶劣程度，跟与人恋爱十年，从不提谈婚论嫁的事儿一样，有点要流氓。

一定要养成习惯，吸引关注、简介产品、催人下单，文案卖货"吸简催"三件套，一个贯通。需要的人立马买，不需要的人立马撤，他好你也好。

一个不谈价格、不催人下单的文案，是没良心的、不道德的。你还是个文案吗？一方面，浪费了客户的时间；另一方面，你浪费了自己"排兵布阵"的心血。

务必要有大胆谈价格的心态。

做营销的，整天把 4P 挂在嘴上，试问这 4P 哪个最难，也应该最先定下来？很多人说是产品，其实是价格。

只有价格定下来，一个产品才具备了交易的基础，才能真正锁定目标人群、做工用料、渠道和广告。

第二，转换谈

当然，大胆谈不是乱谈，要谈得消费者心服口服，觉得不在你这儿买，再也不会有这样实惠的店。

什么叫转换谈呢？

就是让任何价格，看起来都不贵，至少是合情合理、物有所值。

怎么做？主要是两个方面。一是定价尽可能在消费者的认知区间；二是让乍一看很贵的价格，换个说法，进入消费者的认知区间。

消费者对消费过的产品，都有一个自己的价格认知区间。一本书，30~50元是常见的；一部手机，1000~10000元是常见的；一辆汽车，10万~50万元是常见的；一瓶水，2元是常见的……定价只要在常见的价格认知区间，通常就更好卖。

如果不在价格认知区间，就必须要有可靠的理由，否则就会被消费者怀疑：要么产品有问题，要么赚得太多。一瓶水，只卖7毛，批发价能说得通，地方品牌附加值不高能说得通；卖10元，得是国外进口，或是超级稀缺的水源，才能说得通。

实在是不在消费者的价格认知区间，也要想尽办法，换个说法，换算到消费者觉得合理、可接受。

一门课一年5万元的学费，乍一看很吓人，但是你帮他算好，20万元学成，一辈子衣食无忧，也就值了；一个读本500元，乍一看超贵，但看完能防止600万元打水漂，能学会接600万元一单的活儿，对比起来就相当划算了；一年上千万元的咨询费，看起来不可思议，但若用了后，能多赚几亿元，那上千万元也是小钱……

你可能认为，这是小品牌才这么转换谈价吧？

什么品牌都行。

我们来看大众汽车的一则卖货文案，单刀直入，标题就谈价格——

标题：*每磅 1.02 美元*

正文：*一辆全新的大众汽车售价 1595 美元。*

但它物超所值。按磅计算的话，大众比你能说出的任何一款车都贵。

事实上，你如果细察端倪，就会发现这并不奇怪。

并非所有汽车都和大众一样投入惊人。

仅手工活儿就十分惊人。

大众发动机，纯手工锻造。

一台一台地完成。

每台发动机需在手工制作完成时和成品车完工时

接受两次检测。

一辆大众车喷漆四次，每一层都经过手工打磨。

车顶内衬亦是手工安装。

你不会在任何地方发现缺口、凹痕或者胶水。若有，大众会接受车零件（或者整辆车）的退货。

所以按磅计算，你就能明白大众汽车如此昂贵的原因。

这值得深思。

尤其当你认为大众汽车不值这个价而没入手时。

落款：大众汽车授权经销商

这是大众汽车 1963 年做的一则广告，跟很多品牌起步一样，得好好卖东西，不会像现在，有钱了就讲一些不着边际的有趣故事。

汽车论磅卖，属实头一回。

每磅 1.02 美元贵吗？很贵！可人家立马就开始跟你算账，为什么这么贵。

因为光是手工这一块的投入成本就奇贵无比——

发动机、两次检测、四次喷漆、车顶内衬安装、接口缝隙拼接等，全是纯手工打造打磨的。

这么听下来，确实有它贵的道理。虽然说你企业的成本多高，关我消费者什么事，但你能说出个一二三来，消费者也是心软的、通情达理的。

并且人家特别自信地承诺，如果这些手工活儿质量不过关，零件或整车都接受退货。打消你的后顾之忧。

最后，再来一记回马枪：当你认为大众汽车不值得这个价而没入手时，它的昂贵是值得深思的。

不卑不亢，循循善诱，这是一个优秀卖货文案该有的职业素养。

面对价格，人可以是感性的，也可以是理性的，但终究是理性的。哪怕是冲动消费，也一定是触发了让他冲动的点，在当时给了他非买不可的理由。

只要你能将看起来不合理的价格，换算到合理，多贵的产品都有人买，消费者只是不想多花一分冤枉钱。

第三，有激励

很多时候，你谈好价格，发现消费者还是不想买，别别扭扭的，为什么呢？

谈价格只是推力，你还应该设置激励政策，来一把拉力，拽着消费者，让他感觉不立马出手，自己就亏了。

这些价格激励政策，你应该不陌生。别觉得它们老掉牙，百多年过去，还是非常有效，因为人性不变——

早鸟价最便宜，早买早受益

全网最低价

第二杯半价

3 人拼团 8 折

现在早鸟价，之后逐渐涨到原价

前 100 位享受定制产品

一年一次大促，最后一天，错过等一年

365 元 / 年，每天只要 1 块钱

少吃一顿外卖的事儿

要么，你给他一个，无法拒绝的低价。如"早鸟价最便宜""全网最低价""第二杯半价""3人拼团8折"。

要么，你给他一种，抢购的紧迫感。如"前100位享受定制产品""一年一次大促，最后一天，错过等一年"。

要么，你给他一种，很便宜的感觉。如"现在早鸟价，之后逐渐涨到原价"，再如39.8元/斤看着贵，就写19.9元/半斤，这样看起来就便宜一半。

再要么，你让他把经常花在负面事儿上的钱，偶尔花在给他带来正面好处的产品上。比如，少吃一顿外卖、少抽一包烟，换来一本好书、一堂好课，这种负面和正面的对比，更容易让消费者下定决心。

再有就是分期付款、无理由退货退款、设置付款后的反悔期等，都是很好的劝消费者下单的激励政策。

这里有一点要特别注意，**当你制定了价格激励政策，一定要说到做到**。别说了今天是最后一天特价到了明天还是特价，别说了之后涨价就是不涨，别说了第二杯半价结果不给，别说了全网最低价结果人家隔天看到更低的价格。你说到做到，消费者才会觉得买你的东西是靠谱的，你不是一个随意的人。

总之，多贵的产品都有人买，消费者只是不愿意多花一分冤枉钱，尽管大大方方催人买。

最后，再分享一个大部分人都不相信的谈价格的小秘密：**比降价更容易促销，且利于品牌树立的是涨价。**

当然，不能无休无止地涨，一旦涨到一定界限，产品也要跟着改变，不然就容易砸在手里。

为了让你更快理解、更好上手，在本书中，我们将全程以《文案之神尼尔·法兰奇》单个案例展开，从这个产品的研、产、销、改等全流程，一个案例贯穿到底。为你拆开文案卖货从调研，到执行，到检查的三大步骤。

让你从想到做，看到文案卖货的全部操作细节。

必须声明一下，过去 10 年，我们用这个方法卖过水果、卖过月饼、卖过茶叶、卖过个人品牌、卖过活动、卖过日历、卖过文创产品、卖过微信公众号，但主要卖的是以图书、课程为主的知识产品。实践下来，不管产品是什么，关键是找准跟消费者的对话方式，而后以这个逻辑展开，通常效果都不会差。

实际上，知识产品是最难卖的，因为它是一次性产品，没办法像水果、餐饮、零食、鞋子、衣服、酒水、饮料等消耗品一样，让同一个人反复购买。更多时候，你只能靠不断吸引新的人群购买，而后形成口碑推荐。像团购、送礼等一个人买很多或复购的情况是少数。大量的卖货工具、营销手段都无法使用，一次性产品售卖的难点正在于此。

好处是，一次性产品都能卖好，卖其他产品就更加易如反掌。

《文案之神尼尔·法兰奇》这本书很特殊，大众可能不熟悉，但在广告圈它非常有名，早年入行的专业文案从业者，基本人手一册。2004 年，精装加一盘光碟就卖到了 200 元。它的特殊还在于，这本 2004 年卖到 200 元的版本，是一个赤裸裸的盗版，作者尼尔·法兰奇为此特地发公开信斥责。可因为太好卖了，屡禁不止。

既然盗版被验证过好卖，做正版最简单的方法，就是找到原来的盗版商，跟盗版商谈好他跟作者等相关方的利益分配，直接让盗版正版发行，一定能继续大卖，成为一个长销产品。

很不巧，尼尔对盗版商的印象极差，双方已经伤了和气，这个最佳方案，没有操作的可能。

尼尔有推特，我们一边翻译一边私信联系他，反正有事没事就登录推特看看有没有他的回信。大概半年后，他终于回了消息，说我们可以把要做的事发到他的邮箱，他的女朋友后面会跟我们联系。

我们带给尼尔的黑白配样书，实际上是第二版，你知道第一版是什么样吗？第一版是黑色封面，单手拿着不费劲，像《圣经》一样小的开本，内页是灰色的，这个灰色给我们后来卖货埋下一个大雷，后文我们会细讲。

你想，《文案之神尼尔·法兰奇》这么牛，像神一样存在文案们的心中，它就是文案里的圣经呀，它不就应该跟《圣经》的开本一样吗？虽然我们不能用盗版直接转正版来做，但至少得继续保留英文书名，让人感觉还是从《Neil French》这个盗版升级来的。

为了差异化，第一要吸盗版的流量，第二又要让人感觉到新版跟盗版不一样。怎么做出最大的特点呢？改封面、改颜色。我们当时第一次尝试给一套书上下册做了黑白两个颜色，带着这套黑白配到新加坡给尼尔看，尼尔很喜欢，还特地在他的推特上官宣晒了这套样书。

回到国内正式走出版流程时我们才发现，国内不允许只用英文名做外文书的书名，这就一下子把我们截流盗版的念想断掉了。我们后面出版的书名非常长：《文案之神尼尔·法兰奇：40年传奇广告生涯经典作品集》。

用"文案之神"是因为民间都叫他"文案之神"，得把这个流量先截住。用"文案之神尼尔·法兰奇"是把原来盗版的流量直接用中文翻译锁住。书名副标题"40年传奇广告生涯经典作品集"是它的最强购买理由。

当你拿到产品，别着急写，更重要的是要先去确定它的优缺点，以及它在所有同类产品中到底是怎样一个位置。我们有三个工具，可以帮你了解产品所有的细节——3角、4P、9状。

第一个，3角

从竞争对手、消费者以及我们自己[⊖]的三角关系中找产品优势，你大概就能够判断出这个产品在所有同类产品中是怎样的地位。

第二个，4P

第一仔细看产品、用产品，第二看它在哪个地方卖，第三看它推广的情况怎么样，第四看它的价格怎么样。产品、渠道、推广、定价这4P会把产品的地位在战略到落地更中间的环节表现出来。

第三个，9状

到了最后面，要有大量的细节来佐证，为什么你要买这个产品，就要9状——成为第一、拥有特性、领导地位、经典、市场专长、最受青睐、制作方法、

⊖ 指的是企业、产品、个人等任意竞争主体。根据场合不同，也会表述为企业自身、产品自身。

新一代产品、热销——找细节上的证据。

3角、4P、9状，从战略到执行一路缩小。让你在做前期工作的时候，既能找准产品的最大特色、定位、核心动作，又能够把那些要写进卖货文案里面的细节事实，通过这三个工具全部找出来。

我们仍以《文案之神尼尔·法兰奇》为例。

《文案之神尼尔·法兰奇》3角

你（竞争对手）
新媒体时代，长文案没以前那么稀罕。

我（产品自身）
有名的是盗版，面临过时的风险，没以前看着优秀。缺乏金句。

他（消费者）
关注新媒体胜过长文案，新人不认识尼尔。

回到尼尔的《文案之神尼尔·法兰奇》，我们去聊合作的时候是 2016 年。那个时候微信公众号已经非常火爆，各种离奇古怪的长文案已经见怪不怪了。尼尔的这本书又是以长文案著称，所以在那个时候，这本书实际上是有点尴尬的。会写长文案的人多了，一定程度成了一种共性，不再那么特别。

从书的角度来说，我们失去了盗版的书名，失去了最大的流量。同时，面临过时的风险。读者会想，你这本书的盗版都是 2004 年的，且其中很多作品在那之前二三十年就出来了。也就是说，书中最早的作品是四五十年前的。读者不免会纳闷，大半个世纪之前的东西还有用吗？

还有一点也很要命。文案读者们买文案大师的书，会非常关心作者有没有写过很多金句。虽然，会写金句是对文案职业的一个天大误会：一个文案最厉害的其实并不是写金句，而是对策略的创意表达。**哪怕没有任何金句，能够创意表达策略，就是一个优秀的文案。**

我们看了一下尼尔的所有作品，几乎没什么金句，仅有的几个金句，都带有脏字，不雅俗共赏。没有"人头马一开，好事自然来""地球人都知道""钻石恒久远，一颗永流传"这样大众级别的金句。

当时《文案之神尼尔·法兰奇》这个产品，就存在这些缺陷。

对消费者来说，新一代的 90、00 后消费者，很多都不知道尼尔，也根本就不看以前的书了。一个产品不被消费者关注，你要卖出去就非常麻烦。可那个节骨眼上，我们好不容易四处筹齐钱，提前打到了尼尔的账户。作为这个项目的负责人，我们的压力非常大。那段时间，我们经常想，如果项目失败了，我们得回到北上广进广告公司重操旧业，先把债还掉。因为我们从银行贷了款，钱先给了尼尔，要是书没卖出去，砸在手里就只能算自己的。

《文案之神尼尔·法兰奇》4P

4P 之产品
新版、正版

4P 之渠道
网络、旧书店

4P 之价格
2004 年价格 200 元，盗版炒到上千元

4P 之推广

无人推广，地下流传

有个小插曲，我们现在还记得。我们那家公司当时有好几个项目组，有个项目组，上一年度的销售额不够，我们就把我们项目组那一年卖书的所有销售额免费给他们冲抵。当我们做《文案之神尼尔·法兰奇》缺钱，找他们支援时，他们查了一下淘宝盗版的销量，看到淘宝上全是几块钱的电子书扫描文档，价格低不说，卖得也不怎么样。凭什么你们做正版，还定价 160 元，就能做起来？他们严词拒绝，我们心里真是凉透了。在利益面前，人性和感情很难经受住考验。

先说**产品**。原来是旧版，我们做成新版；原来是盗版，我们拿到了正版。

渠道上，盗版只能在网上、旧书店上零星买到，大部分盗版商都卖电子版，纸质书有的炒到上千元。当时行业有个大 V，他后来转型做营销咨询去了，他靠卖盗版的影印本挣了一笔小钱。更可怕的是，他为了卖书，愣是把盗版说成正版，混淆视听，严重影响后续正版的发行。这是为什么我们后来的卖货文案要揭穿他。

价格上，2004 年盗版的价格是 200 元，盗版旧书炒到上千元。2016 年，广告营销人很少再花大价钱买很厚的专业书。以前网络资讯不发达，广告营销人怎么找参考资料呢？专门有送书上门供挑选的书商，这些到处上门卖书的书商，卖的全是市面上没有的高品质作品集。大都是 A4 纸大的开本，几厘米厚，全彩印，动不动就是 200 元、500 元、1000 元一本。在那个年代，尼尔的书卖 200 元都算便宜的。随着社交网络 2009 年崛起后，所有稀缺作品、信息基本上都能在网上找到。别说大几百元一本的书，上百元的广告专业书，买的人都越来越少。尼尔的书无疑也面临同样的问题。

推广上，《文案之神尼尔·法兰奇》在地下流传很广，盗版猖獗。

具体到 9 状更细节的内容，我们全部拎出来，你会看得一清二楚。

《文案之神尼尔·法兰奇》9 状

成为第一

被誉为"文案之神"，至少亚洲文案第一

拥有特性
世界级长文案领袖

领导地位
前奥美全球执行创意总监，大师中的大师

经典
尼尔·法兰奇本人授权，首次正版

市场专长
专门讲平面媒体长文的策略和撰写，给大牌也能卖货的长文案之道

最受青睐
文案策略必读、优秀前辈争相推荐、大佬级粉丝众多

制作方法
小开本、中英作品三合一、简体中文、尼尔独家采访

新一代产品
13年来，第一次正版

热销
3个盗版，地下畅销13年

成为第一。尼尔在亚洲文案领域是第一名，苏秋萍这种华语广告教父级别的人都奉他为老师，所以叫"文案之神"。

拥有特性。老爷子非常擅长写长文案，可以不依赖任何图像，文字本身就是图像的经典作品也很多。他是一个写作能力超过小说家的文案。很多国外小说家，出了书都找他写推荐。

领导地位。他是前奥美全球执行创意总监，大师中的大师。

经典。我们这次是把盗版里最强的东西继承下来，同时还是正版授权。绝对正宗对不对？

市场专长。我们刚刚讲了，他基本是成长在平面广告时代，平面长文案是他最厉害的。他很能击中消费者的痛点。很多人以为，卖货文案只能在卖场、小广告和电商详情页上出现。尼尔证明了，不管你是亚航、马爹利，还是其他世界级大品牌，都能够用卖货文案去卖货。区别在于你有没有这个能力，这是我们去年重新看他的书，惊人的一个发现。

最受青睐。毫无疑问，凡是做文案的、做策略的前辈，都争相阅读他的书，学他的广告手艺。

制作方法。为了让盗版显得有格调，深圳盗版书商仿了一个繁体字本，字非常小，阅读舒适度非常差，但会给人一种来自港台的感觉。众所周知，以前港台地区的广告人非常吃香，大陆广告圈就一直流传一个鄙视链：大陆看港台，港台看欧美。

盗版的开本也不友好，太大，不方便携带。我们做小开本，且第一次将中文、英文、原作图片全部放进书里。为什么要这样做呢？方便读者对翻译有疑问时，回到原文查证。还有一个用意，就是解决高定价的问题。

同时，为了让新版正版《文案之神尼尔·法兰奇》有极大的差异化，我们在新加坡采访了尼尔一上午，边喝边聊，喝到最后酒喝嗨了，他有点嘴瓢的状态。

新一代产品。13 年来，第一个正版。

热销。当时市面上有三个盗版，地下畅销了 13 年。

为了学起来不那么繁杂、枯燥，我们先简单列点，让大家感知一番。实际上，我们在做功课的时候，经常为了卖一个产品，可能资料就要看两三天。

像我们给林桂枝卖她的创意课，我们那两天不接待任何人，也不出去，就坐在我们家的沙发上，从早看到晚，整整看了两天，把国内外所有能找到的她的中文采访和作品全看了一遍。

《文案之神尼尔·法兰奇》所有打动我们的观点拎出来，打动我们的卖点拎出来，打动我们的作品拎出来，这之后才动笔，找一个点，开始把它猛地放大。一顿分析，你会发现《文案之神尼尔·法兰奇》这本书最强的信任状有三个：

第一个，豆瓣评分最高的传奇文案书。这就是第一。特性是"传奇"。

第二个，盗版畅销 13 年。这个属于热销。

第三个，终于出正版了。这个属于经典。

这三个巨大的事实，就是消费者购买的巨大理由。你要把这些信息，融入你的文案卖货"吸简催"三步里去。

第1步，吸——吸引关注

吸引关注主要有三个方面：

第一，标题。标题决定了一半以上的销量。

标题到底来自哪里呢？标题一定要把消费者最关注的问题，转化为购买理由。

尼尔这本书，消费者最关注的是什么？买不到正版，哪里搜都搜不到，而且很多残次烂渣，这个是消费者最痛的地方，我们帮他解决。所以，我们在标题里面一定要讲能买到正版了。很多人不敢把卖货的消息放在标题中，怕别人看完会走掉。千万不要怕，看完标题掉头就走的人，压根就不是产品的目标受众。他早走早好，不浪费你的时间，也不浪费他的时间，他感恩你还来不及。你的标题遮遮掩掩，正文抠抠搜搜、坑蒙拐骗，骗人家看到最后，才发现不是自己要的产品，他不仅要骂人，还得把你拉黑。

这里有个技巧，如果你刚开始不知道怎么架构卖货文案，你就问这个产品最诱人的地方有哪几个点。首先把它转换成消费者能接受的话，再自问自答，答出来之后再转换成消费者能听懂的话。最后进行裁剪，写成一篇顺畅的文章，让消费者看完之后要么马上就买，要么再也不买。

第二，小标题。小标题就是最能打动消费者购买的3个证据。

证明产品确实牛，此时不买更待何时？

第三，反转观点，化负面为正面。

因为有一些不利于产品的观点在市面上流传，所以你一定要写出强有力的观点反击。

比如，尼尔没有什么金句，我们就跟消费者说"能写金句并不是文案的基本功，那些脱离了产品销售能单独传出去的金句，是不负责任的产出。"确实有很多文案金句，它们写得特别有流传度，一直在人们嘴边口口相传，可就是不卖货，像这种金句就是失败的金句。

比如，有人担心书过时了，我们就要向他们证明，这本书并不过时。怎么证明呢？这都是卖货文案要去解决的。

总之，吸引关注上，你要记住三个点：

第一，把最大的购买理由放进标题中。

第二，用三个小标题去支撑你的大标题，让他顺着大标题和小标题一气呵成看到底。看完得让人感觉，这产品太牛了，就是为我量身定制的。

第三，所有购买中可能会有的疑虑，全部先打消。真的值这么多钱吗？真的不过时吗？我真的有必要看吗？多是平面作品，在短视频时代，我还需要吗？所有的负面认知，你一定要把它们挤走。你要有非常强烈的反转观点，这个非常考验你的认知。

第2步，简——简介产品

简介产品就两点：第一产品很牛，第二能让你牛。

第一，产品很牛。

写的过程，一定要让人觉得产品很牛。如果你写下来，人家读完不觉得产品很牛，抱歉，一定没人买。

产品怎么让人感到牛呢？你要把产品生产到销售

过程中最重要的三个点（产品构成要素、生产产品的人、生产过程）拎出来。

通常**一个产品有三个构成要素，第一要素是购买理由**，他为什么要买这个产品？他要买的是墙上的孔，而不是电钻。**第二要素是实体产品**，通过什么方式包装成看得见摸得着的产品外观。墙上打孔的产品，可以做成激光，也可以做成电钻，满足同一个需求的产品的形式是不一样的。**第三要素是周边产品**，即配件、礼品、赠品、衍生产品等。

产品构成要素是我们了解产品从虚到实的一个过程。

具体来说，在生产流程上又有三个点。

生产产品的人是谁？产地在哪里？所有的产品，背后都有生产它的人和产地，这些你一定要去了解清楚。

生产的过程到底是怎么样的？你一定要非常熟悉。

当你了解清楚产品构成要素、生产产品的人和产地、生产过程后，这个产品基本上就长在了你的脑袋里，随时随地任何人来挑战，你都可以一一击破。只有他不想买，没有你解决不了的问题。

第二，能让你牛。

一定要让人感觉到这个产品跟他有关。你得好好注意了，我的老铁，一辈子一次的机会，你能不能抓得住就在这个地方。你一定要让他感觉到跟他是有关的。同时，他用了这个产品也会变得牛。

第3步，催——催促下单

催促下单就两件事情：一是解决价格顾虑，二是设置激励政策。

第一，解决价格顾虑。

我去别的地方买会不会更便宜呢？

我明天买会不会降价呢？

你会不会是自己玩了个价格技巧？

你要去给他做对比。跟盗版比为什么它更便宜？跟自己的小红本比为什么它很便宜？我们帮你算账，比如说5万元为什么便宜？因为这是管你一辈子的战略，多么便宜的事儿。

你要帮他把大账算成小账。一年 1 万元，看起来很贵，平摊到 365 天，看起来就没那么贵了。

你要把经济账算成感情账。一杯牛奶 200 元，是不是有点太高了？亲爱的这一点都不高，这是助你的宝宝成长的稀有奶，宝宝的成长一生只有一次，错过了回不了头。力所能及，你要不要给宝宝最好的？所有家长都有这个软肋，你帮他算账，他就心里有底了。

你要做额外的产品帮他做对比。我们当时为了让《文案之神尼尔·法兰奇》的价格立得住，特地做了一个只有 100 页的《未使用素材》笔记本，卖 30 元。《文案之神尼尔·法兰奇》上下两册一套书 742 页，卖 160元。消费者自己就会算账，100 页的笔记本 30 元，那么 742 页的《文案之神尼尔·法兰奇》至少也得 222.6（30÷100×742）元，而它的实际定价 160 元，是不是很便宜？

解决价格顾虑的同时，产品的负面认知，你也要帮他解决掉。我们后面会回到《文案之神尼尔·法兰奇》的卖货原文，逐句给你讲解，每一句为什么当时那么写。

逐句揭开卖货文案背后的秘密，很冒险，等于魔术师自己破功。

我们不怕，因为我们写任何卖货文案，都坚持两个基本原则：

一是产品一定是我们试用过的，我们比任何人都更了解这个产品。至少在我们取的那个角度里，不会有人比我们更了解产品，谁来战都不怕。

二是我们写任何卖货文案都是基于事实去写，不会随便放大认知。如果我们知道这个产品对你有用，一定会大胆告诉你，一定会催单，而且我们会认为我们是在帮你，不是在挣你的钱。如果这个人不识好歹，我们认为他就是自己错过了机会，我们从来不会觉得不好意思。

第二，设置激励政策。

你想，消费者看到最后面，他有钱，也想买，但他就希望你宠他一下，给他一点甜头，让他立马行动。**消费者不是差钱，他只是享受讨价还价的过程**。那你就宠着他，设置激励政策，如早鸟价、限时、限量、签名、赠品、优惠等。这些我们会在第 2 章中一一展示出来。

初级文案卖货"吸简催"的理论部分差不多就是这样。你一定要反复阅读，快速熟练掌握。这个理论不是我们原创的，它源自一个古老的爱达公式（AIDA：注意、兴趣、欲望、行动），我们只是根据自己的实践，挖掘出了它适合当下中国市场的所有运用细则。很多人都以为这个公式失效了，其实只是他们不会用，它是文案用于卖货最好用的公式。

当时，所有的东西了解完后，我们就出了一个策略，要把《文案之神尼尔·法兰奇》卖好，就一个点：截流盗版。一定要把盗版的流量全部转到正版上。

如果不能把盗版的流量转到正版上，正版一定卖不好。因为盗版已经封神了。消费者大多不会纠结自己买到的是不是盗版，不要去道德绑架，他们非常讨厌这套。你去海底捞吃鲜鸭血，你一定不会说这是巴奴原创，海底捞抄袭我不吃。说起来不道义，但商业就是这么残酷。消费者又没有巴奴的股权，他们只在乎，鲜鸭血是不是出了巴奴就没有那么好吃。事实证明，别说在海底捞，在任何一个街边火锅店吃的鲜鸭血都非常好吃。所以消费者不会在乎。

卖货策略定好后，往下就是马上翻译成撰文逻辑。**卖货文案，如果说逻辑设计有什么非常重要的点，就 8 个字：环环相扣，步步证明。**

我们写的每一个观点、每一句话，都是有证据的。跟法庭上的辩论是一样的。不是空口白牙乱喊，不是随便说"东半球最好的手机"这种没有信任状的说辞。不可信的说法，你说一万遍都没用。

具体撰文的过程，有五个原则：由浅入深、通俗借势、多用证言、催促行动、常见问答。

一定要由浅入深。慢慢地深入，慢慢地劝诱。当他花的时间越多，看着看着他就进来了，你都不用再催，他自己就会看下去。

一定要通俗借势。你讲得费劲巴拉的，消费者就不想看。要流畅感还要看得懂，有爽感就非常好。我们行文中隔三岔五埋入金句，就是这个道理。金句是钩子，在他快要眼神游离的时候，你突然给他一个刘亦菲；在他精神要涣散的时候，你突然又给他一个玛丽莲·梦露，不断地牵引着他朝着你的目标读下去。

一定要多用证言。证明你卖的产品确实很好，不是你说好，你说好有"王婆卖瓜，自卖自夸"之嫌，消费者不相信。大家都说好，消费者是不是也会好奇，想了解一下呢？

一定要催促行动。任何时候都不要犹豫，你的目的就是要卖货给他，你到最后一刻还不催单，那就是浪费消费者的时间，不尊重自己的劳动。好比两人谈恋爱，谈了三年，对方终于忍不住要和你进一步发展，你还一本正经跟人谈诗词歌赋、人生哲学，是不是太虚伪、太不懂事、太不尊重彼此？

一定要有常见问答。一篇卖货文案，总有一些问题，你在正文里写不完，又很重要。这种就以常见问答的形式列个重点清单。产品的第一个卖货文案，常见问答尤其重要，它能统一减少你很多售后工作。如果你不给常见问答，你的后台就老出现这种问题：能不能开发票呀？买 10 本会不会便宜一点？能不能帮我签个名呢？快递是从哪里发出来的呢？发什么快递呢？港澳台、国外能发吗？包邮吗？产品破损找谁？

大量这样的信息，一个通用的问答模板就搞定了，不需要每次都费口舌重复回答。

当你把这些疑难问题都解决了，后续你要动态地更新卖货文案。卖货的过程中消费者的反馈可能给你卖货文案新发现，他会说产品哪好哪不好，甚至帮你发现一个你没想到的买点，你要及时提炼并放进去，同时要不断拓展购买人群。

为什么说知识产品的文案卖货更值得一学呢？知识产品基本是一次性消费，比高频能重复的产品的卖货难度更大。没有哪个人会一本书今天买、明天买，后天还买。

这个时候扩大人群、增加销量、增加市场就很重要。同一个人反复买同一本书比较难，只能鼓励他送人，买来送亲朋好友。

详细的案例我们会在第 2 章中进行介绍，我们继续把文案卖货的第二种情况讲完。

高级文案卖货"找三能"

第2种情况，可以改产品。能改产品就好办了，你能先定好打动消费者的购买理由，再按照这个最强有力的购买理由去设计产品。从命名、包装、物流、定价，到前面说的3角、4P、9状，都可全部改好，再设计进产品里。

能这么改产品，你的产品基本不愁卖，因为你一开始就是沿着消费者的心动点一路设计产品。

可以改产品，我们就要上高级工具——文案卖货"找三能"。

2017年版的《文案之神尼尔·法兰奇》，卖了10000套，我们就把版权转给了另一个出版社，退居到特约策划的角色。市场给了我们很多猛烈的反馈，也让我们看到了这个产品可改进的主要空间和方向。

主要是翻译问题。有人说2017版的《文案之神尼尔·法兰奇》就是百度翻译的水平。我们不是专业翻译，翻译能再改进，这点我们也认可。不过，说得有点夸张，那版的翻译也没那么差。翻译问题的很大原因是，有部分人先入为主，喜欢盗版，心智难以改变，只能说信就信，不信也别去强求逆转人家的爱好。不信你的人，你跟他们犟嘴也没有意义，就是一个100多块钱的产品，读完如此详尽的卖货文案还看不到价值，就没必要再多费口舌。因为不相信我们，10年之后才发现是本好书，吃亏的是谁？绝对是他自己。

坦白说，尼尔的书，如果完全学他的口吻写文案，在中国能驾驭的文案人非常少，即便学到了他的神，能接受的客户和传播场景也极其有限。这本书真正的价值，是他非比寻常的策略，这是永远不过时的。

我们卖知识产品这么多年，拥有很多老顾客，绝不是因为我们长得帅，是因为我们会严格筛选，且实事求是给他们推荐好产品，买回去他们用了也确实受益了。一个人你骗他一次，就没有第二次第三次第四次购买，对不对？

你一定得客观看待市场反馈回来的产品问题。当第二家出版社买走版权，再版时，我们重新请翻译专家改善翻译，重新改善设计，按照名著的规格做成精装。

同时，更正了十几处过去读者发来的可修改的小错误。原来的平装，改为精装后，很厚很重，上手很沉，看起来超值钱。买过第二版的，可能还记得，外箱包装设计得特别大，还送了一个巨大的定制鼠标垫，一眼给人四本书的样子。

卖货文案不要去讲那些高科技的东西，消费者不是专家，没时间去细品它的好，你应该在他五官可感的地方下功夫。眼睛能看出产品的包装、大小、颜色、造型；手能摸到产品的质地、纹理、轻重；鼻子能闻出产品的

气味；舌头能尝出产品的味道；耳朵能听到产品发出的声音。

我们经常讲认知大于事实，要利用消费者认知，那该怎么做呢？做到可感知。如果这个认知不可感知，就相当于不存在。从五官可感去抓点，写出来的文案，一定是消费者一看就懂的。

很多产品，升级时只改颜色、尺寸、款式等，就因为好操作，消费者又非常可感知，一眼就能看出来。而很少说新产品质量怎么更好，因为质量太抽象，不好感知，也不好验证。

可以改产品，我们就能从源头开始改善卖货。所以文案卖货"找三能"，核心是捕捉需求，产销设计。从产品开发到最后销售，整个链路旅程全部设计进去。记住一点，围绕购买理由去设计，往上3角、中间4P、底下9状，全部都考虑清楚。做出的产品，想要不好卖都非常难。

什么是文案卖货"找三能"呢？一能，找能买；二能，找能做；三能，找能卖。

实操三步：

第一，找能买：做验过的、隔行改造

优先做已经被验证过的产品，尼尔的《文案之神尼尔·法兰奇》就是已经被验证过的好产品。iPod 也很聪明，直接改善新加坡创新科技公司的产品，改得更酷更畅销。被验证过的产品，你重新做一次，大概率也能大卖，因为它被消费者接受过，需求非常旺盛。

你可能会说，我们行业被验证过的产品都被做得差不多了，那就隔行改造。我们就喜欢去看非广告营销类的图书的榜单，人家怎么做系列，人家怎么设计，人家怎么吸引购买，人家怎么设计书名和结构，人家怎么营销，等等，买回来研究琢磨，它们能成为爆款，通常你复制到你的行业，用你的方式调整做一遍，也能大卖。

文案卖货，
如果说有唯一的秘诀，
那就是货本身好卖。

一个成功过的产品，

你要想想能否在
时间、空间、人群、
年龄、价格、场景上，

扩大卖货。

第1步

找能买：找、改、跨

文案卖货，如果说有唯一的秘诀，那就是货本身好卖。就像拍出美照的真正秘诀，是人本身要美。

货本身好卖，文案卖货就只不过是对好卖的货做简单翻译。

好卖的货，不是做出来的，而是找出来的。找又有三种：

第一，找

好卖的货，基本上都在市场上出现过，我们要做的就是，放弃逞能，把它们找出来，再卖出去即可。

怎么找呢？

去成功过的市场上找。

比如，把国外成功的产品，引进到国内。可口可乐、麦当劳、红牛等国外知名品牌进入中国，就是这种。

比如，把某个城市成功的产品，复制到其他城市。喜茶、奈雪的茶、真功夫从区域品牌发展为全国品牌，就是这种。

比如，把过去成功的产品，隔几十年，稍作调整再次卖到市场上。经典图书再版、经典影视作品翻拍、经典歌曲翻唱，就是这种。

总而言之，一个成功过的产品，你要想想能否在时间、空间、人群、年龄、价格、场景上，扩大卖货。

好卖的货，就在市场上，我们要做的就是找出来。

在确认自己有乔布斯那样的天赋之前，不要有英雄主义情结，不要去乱创造，老老实实找好卖的货，胜过一切。

第二，改

商业发展至今，大部分好的机会，可能都被前人占据了。

很多时候，好卖的货可能都被别人找得差不多了。这个时候，你可以换个方式，就是找到好卖的货，再根据消费者的需求和心智特征，改出一个新的好卖的货。

比如说，冰墩墩被验证是成功的，那么我们就可快速进行改造。

改大小，改成极小可做耳坠，改成极大可做城市雕塑。

改材料，改成能吃的蛋糕等。

改用途，改成游泳池、储蓄罐、沙发等。

改部分，只保留上半身等。

总而言之，你可以让成功过的产品，跟任何一个行业的已有产品，进行组合改造。这样就能有效转移成功认知，成为新产品的势能。

第三，跨

有的时候，找到同行做过的成功产品，你跟着做一遍，很有可能被说成跟风，被说山寨。

还有一个讨巧的方式，是跨行业找。

也就是说，你去看其他行业历史上的爆款，再回到自己的行业进行跨行业平移，这样好卖的概率也会大大提升。

比如，小米对无印良品的跨行业平移，全季酒店对无印良品的跨行业平移，就是最典型的范例。

当你看到别的行业出了爆款，一定要第一时间联想，平移到我们行业，我的企业，能怎么做呢？

找、改、跨，本质上就是，尽可能一开始，找的产品，就凝聚了消费者的优势认知。我们只要做好需求匹配、认知翻译，提供购买便利。通常来说，写出来的文案，想不卖好，都非常难。

第二，找能做：专业靠谱、有影响力

一旦你看到产品能做，有人买，就要赶紧做出来。要找别人帮你做，别老想着全部自己做，那得累死，时间长，周转期也长，对生意麻烦。

除非你就想做小，那自己全包干没问题。像我们文案卖货就是，我们亲自卖货 10 年，积累了十几个非常好的案例，才开始系统总结。因为我们就是要把这点打爆。

一定要找专业靠谱的人，你的产品质量才能过硬，你营销怎么吹牛都没问题。为什么很多人吹完牛，产品一出来就啪啪打脸，因为产品质量不过硬。

营销能解决第一次购买，可复购要靠产品质量来保障。我被你骗了一次，发现你的产品不行，我肯定不会来第二次。第一次卖货你怎么要花招让我买，都没有关系，我用完发现产品确实好，第二次、第三次、第四次我还会买。

再就是要找有影响力的人来做。一个能力80分，没名气；另一个能力70分，超级有名气。肯定选70分那个合作。有名气本身就是一个巨大的流量、巨大的背书、巨大的销售入口。

你看，是不是每个环节都在考虑和设计卖货的触点？

"

产品只是好卖的外衣，
真正长久好卖的是标准。

"

"

自己做，
学会做产品的判断；

找人做，
提高做产品的效率；

做标准，
拉高对手们的门槛。

"

第2步

找能做：自己做、找人做、做标准

现成拿来就好卖的产品，毕竟还是少数。更多时候，是我们找到了好卖的货的标准，还得去生产出来。

这时候，找到能做好货的人极为重要。找这种人，分三个阶段。

第一，自己做

你可能会疑惑：写个卖货文案，产品还要我们自己做？

其实，这是从卖货文案的角度去创业。是的，你没有看错，卖货文案是可以倒推出创业要做什么产品，才可能卖得好、做得起来的。

这个模式，比之前我们说的文案卖货"吸简催"，高不知道多少个段位。

既然是从文案卖货推导创业，第一个阶段最好就是自己做产品。

自己做产品，就是亲自打样产品从开发到卖出的全过程。

只有自己做过，才能真正掌握每个环节的重点和判断标准。

有了这一步，才可能走到后面两个阶段。

第二，找人做

自己做，速度是最慢的，从卖货效率来说，是不划算的。

掌握了研产销全流程的标准后，就要着手去找人做。

换句话说，找到比自己做产品做得更好的人，委托给他们做。

这样既可以弥补自己的经验和能力限制，还可以多产品并线同时开发。

比如，我们之前出版的《幕后大脑》和《幕后大脑2》，就是这样的产品。当发现这样的奇观式大规模攻克营销难题的分享好卖后，我们就制定了统一的撰稿标准，找到更合适的老师去写。

只是找人做的时候，一定要注意，名利分配好。如果钱实在是不够分，那就不要占用对方太多时间。

否则合作难以长久。

第三，做标准

找人做好卖的货，最高的境界是做标准。我们只要预测出市场上好卖的货，从卖货文案的标准，倒推出产品的开发标准，再整合相应的人、财、物，最高效高质做出来即可。

产品只是好卖的外衣，真正长久好卖的是标准。

所谓**一流企业卖标准，二流企业卖品牌，三流企业卖产品**。

落到产品上的标准，就是你看完后，知道该拆成哪几步去实现。

比如，《幕后大脑》的标准是，请 100 个总监或创始人级别的广告营销人，每个人找一个多年来的行业难题，写 1500 字左右的自我探索经验。

它的操作步骤和判断标准就非常清晰，出现误解，拿出来比对就好。

做标准，尤其要注意两件事：一是要严守标准。像《幕后大脑》，有好些作者写成了自我吹嘘的软文，我们就没录用。

二是根据商业环境的变化和消费者的反馈，不断改善标准，越做越好。

自己做，学会做产品的判断；找人做，提高做产品的效率；做标准，拉高对手们的门槛。

第三，找能卖：卖货渠道、使用场景

首先你要写好一篇卖货文案。

卖货文案写好后，一要不断找销售渠道，让他们去卖你的产品。

二要增加使用场景。开始可能是你一个人用，能不能两个人用？能不能三个人用、组团用、隔空用？冬天用的能不能春夏秋用？增加产品的使用场景，使用场景一增加，销量自然就更多。

或者让同一个人买更多，特别是卖日常消耗品时，尤其要鼓励多买；或者是同一个产品让更多的人来买。

扩场景，
不是乱加场景。

而是要顺应消费者认知里
已有的场景，
做自然扩张。

卖更多三个点：
减环节、提价格、增频次。

减环节，成本更低。
提价格，利润更高。
增频次，交易更快。

第3步

找能卖：渠道、场景、人群

找到了好卖的货，或找到了人做出了好卖的货，下一步就是得找个好卖货的地儿。

好卖货的地儿，主要看三点。

第一，渠道

广告把认知放进消费者的脑袋里，渠道则是把货铺到消费者眼前。

要卖好货，首先就得找到合适的渠道。要找到合适的渠道，首先得找出消费者日常生活、工作经常出没的地方，再选择一个点集中突破。

以"用好定位"这个项目为例，它的消费者主要出没在广告公司、营销公司、企业市场部，所以高铁、机场、广告营销自媒体、营销培训代理等，这些都是我们可以去推广的渠道。

但是，刚开始，我们预算不足，大部分渠道我们都不可能去卖货，只能先从我们熟悉的广告营销自媒体——广告常识开始。

是的，实际操作的时候，渠道的切入点，很多时候还是会直接受限于手头的资源，而不是绝对科学。

等到切入以后，就要遵循集中、就近、高能三个原则去铺开。

第二，场景

渠道再往下找更具体的卖货的地儿，就是消费场景。

熟知消费者的消费场景，有两个好处：一是清楚在具体的渠道里怎么摆货，怎么做渠道内的端架等陈列广告；二是做广告的时候，卖货文案会更精准、更有杀伤力。

像这些，都是常见的场景式卖货文案——

今年过节不收礼，收礼只收脑白金

喝王老吉，过吉祥年

招财进宝，喝加多宝

支付就用支付宝

理想生活上天猫

不上班就穿芬腾

累了困了，喝东鹏特饮

还有的时候，原本只是卖一个场景，增加场景直接就能提升销量。

乌江榨菜曾经就从下饭的单一场景，扩大到炒肉、烧汤、夹馒头、蒸鱼、焖肉、涮火锅、送粥、泡面、下米饭9个场景，销量自然噌噌噌往上涨。

王老吉也做过扩场景的事情，从广东本地人喝的偏药的场景，扩大成预防上火的全国人都能接受的大场景；从夏季到冬季，从生活上火到工作上火等多种场景。

场景是消费的具体示范，一说出来消费者就会对号入座，卖货力超强。

扩场景，不是乱造场景，而是要顺应消费者认知中已有的场景，做自然扩张。比如，一个卖粽子的品牌，非要造出一个一日五餐的场景，就是不切实际的。

第三，人群

比场景还能唤醒消费者购买冲动的是，直接点名某个人群。

比如这种——

更适合中国宝宝体质的奶粉（飞鹤奶粉）

送长辈黄金酒

儿童感冒用护彤

孩子不吃饭，儿童装江中牌健胃消食片

更爱女人的汽车品牌（欧拉）

向成功的人生致敬（8848 钛金手机）

为发烧而生（小米手机）

直接点名消费者，看似放弃了很多消费者，其实恰恰因为有限制，反而更能吸引人。

有的时候，人群对位没做好，也会翻车。李宁曾经主打过的"90后李宁"就是血的教训。这一波打出后，90后不买账，原来的忠实用户受到伤害，也不再理会。

两头不落好，被所有人抛弃。

人群最好是品牌初创的时候打，一旦成熟，面对不是绝对熟悉自己的消费者，翻车就是分分钟的事。

另外，**关于人群，我们要关注的是可能买的人数，而不是绝对人数。**

什么意思呢？

10万个人和10个人，看起来前者绝对人数更多。但是，如果10万个人里只有2个人可能会买你的产品，而10个人里有8个人有意向买，如果没有其他意外原因，我们就应该优先关注后面的10人。

当然，找到以上好卖货的地儿之前，得先写好卖货文案。

写好卖货文案三部曲"吸简催"，我们在前文中介绍过，这里不再重复。

你有没有发现，初级文案卖货"吸简催"，就是高级文案卖货"找三能"中第三步"找能卖"的一个小环节。**高级文案卖货三步走，相当于从卖货角度，教大家怎样从 0 到 1 开发一个能卖好的产品。**如果开发出的产品能畅销还能长销，你就能创业成功。我们过去多年有大量从 0 到 1 做产品的经历。所以，我们对这三步的运用非常熟练。

记住，自己做不如找人做，千万别觉得自己有多牛，能找到其他牛人帮你做是最好的。就生意而言，做产品不如做标准。你先做一个标准，然后不同环节找不同牛人做。你说谁获益多？肯定是做标准的。

不要倔强，不要把自己放太大，觉得老子天下第一、很牛，对市场的敏感度堪比狗鼻子。不要这样想，好卖的货就在那里，不用创新，关键是找到那个能卖的产品，重新做出来、卖出去。凡是不遵守这个经验的人，大都惨淡收场。创新看起来很荣耀，但如果不是巨头的话，承担不起开发成本和推广费用，荣耀和盈利之间，你到底选哪个？

以上这些都做好了，最后还有一个环节，就是卖更多。

卖更多

怎么卖更多呢？

三个点：减环节、提价格、增频次。

"减环节，成本更低。"

新产品刚开始，从生产到销售，可能有十个环节，你能不能减到三个环节？每减一个环节就是在减成本，就是在增加周转率。你的生意一定会更好，产品也会卖得更快。

"

提价格，利润更高。

"

提高价格就是提高利润，要想尽办法在消费者的认知区间里，提到最高价格。我们在 2015 年做第一本书时，就跟消费者说，这本书永远不降价。相反，我们是一年一年涨价。《文案之神尼尔·法兰奇》也是，定价是 160 元，预售期早鸟价 140 元，上市过了第一波销售高峰，书越卖越少，开始涨价促销（是的，涨价有时候比降价更促销），一路涨到 185 元，最后套装卖到 215 元。

越卖越贵，利润越来越多，想买的人也越来越多。消费者相信涨价一定是很好卖、很稀缺。如果不好卖，还天天发广告打扰消费者，岂不是神经病？好卖，所以涨价，一直发广告，这是一个很通的逻辑。

很多时候，我们陷入专家思维，觉得我就是做广告营销的，我天天洗脑别人，你还能洗我的脑，硬卖东西给我？这种想法太天真，没有尊重自己也是一个普通人这件事。

我们不用去驳斥这种观点，看人性就好，抓着人性一通打，除非不需要，需要的时候他一定会买。问题不在于我们怎么写卖货文案，而在于这产品他本来就需要，我们恰好以更省时更省事更省钱的方式给到他，仅此而已。

"

增频次，交易更快。

"

一定要让消费者用得更多，帮你宣传。一礼拜一次的，变一天一次，消耗量就大，复购就更多。一年逛两次海澜之家就是增频次，乌江榨菜从吃饭场景到烧菜、夹馒头等9种场景，也是增频次。频次一增，消费就更快，你的收入也就增加更快。

除了交易频次的增多，还有一种方法是增加消费者接触广告的频次，同样能更好卖货。如朋友圈的卖货海报，就很好地增加了消费者接触广告的频次，从而提高交易效率。

简单复习一下文案卖货的两种情况。第一种情况，不能改产品，上文案卖货"吸简催"——吸引注意、简介产品、催促下单。第二种情况，可以改产品，上文案卖货"找三能"——找能买、找能做、找能卖。然后再通过减环节、提价格、增频次卖更多。

第二章　案例

卖货破 300 万元的
范文逐字逐句详解

讲完方法讲案例，接下来我们就以《文案之神尼尔·法兰奇》2017 年 7 月 14 日首发的卖货文案[⊖]为例，逐字逐句揭秘。原文 4324 个字，52 张配图，请按脚注提示操作，回到微信公众号阅读。为了更好地揭秘背后原理，本书特地加了水滴石团队揭秘，删了原文图片，呈现会有所不同。

标题：豆瓣评分最高的传奇文案书《Neil French》，13 年后终于能买到正版了

水滴石团队揭秘：动笔之前，一定要先确定撰文逻辑，逻辑定好，大纲就出来了。我们前面说过，标题中要放最强购买理由。盗版书名一定要放，几乎所有人都知道这个英文书名。"豆瓣评分最高的传奇文案书"是我们调查出来的。"终于能买到正版了"是新版的合法排他性。盗版书名、最高评分、正版三个点甩出去，如果他都不想买，说明他不是这本书的目标消费者。

⊖ 关注微信公众号"广告常识"，回复"1"，即可获取卖货文案全文。

有了标题，再用小标题去证明。

小标题 1：曾经，不读《Neil French》不足语文案

水滴石团队揭秘：我们得找点支持，为什么这本书传奇？因为以前不读这本书，根本不好意思说自己是文案。既然文案就得读《Neil French》，当一个文案看到这句话，他就会想：我是文案，我也一定要读。

小标题 2：13 年，从《Neil French》到《文案之神尼尔·法兰奇》

水滴石团队揭秘：第二个小标题，是为了把盗版的流量转化到正版上来。

为什么要有这个小标题？因为在开篇中，我们告诉读者这本书的盗版巨牛，影响了几乎中国几代广告人。然后，我们笔锋一转，告诉读者现在盗版买不到，只能买到这个继承了盗版优点还弥补了盗版缺点的新正版。

从《Neil French》到《文案之神尼尔·法兰奇》，书名变长了，完全不符合简洁原则，但是它卖货。如果第一版就叫《文案之神》，立马想到尼尔的人不多，

不好卖货。叫《尼尔·法兰奇》，就更不知道是什么鬼。《文案之神尼尔·法兰奇》这个书名，信任状和流量书名锁在一起，让读者一目了然，卖的是一本什么级别的书。

小标题 3：潮流来来去去，经典永不过时

水滴石团队揭秘：不是很多人说这本书过时了吗？

那我们就告诉他们经典永不过时。潮流来来去去，经典永不过时，这是绝对真理，大家信不信？一定信。既然信，我们就再告诉他们《文案之神尼尔·法兰奇》也是这样一本永不过时的经典。

小标题 4：常见问题

水滴石团队揭秘：实在写不了的点，再放到常见问题中。这样既不会打乱逻辑，又不会内容臃肿，还不会遗漏任何重点。

一个标题，四个小标题做证明。标题是最强购买理由、最大信任状，小标题是辅助证据，常见问答是万金油。当你有了这样的大纲结构，前面调查等功课收集到的重要信息，就可以分门别类当素材放进不同板块，一路写下去。

再一句一句看正文是怎么写的。

我们上来第一句话就是：

是的，《Neil French》终于出正版了，改名叫《文案之神尼尔·法兰奇》。我要将这本打开我文案力的传奇书，告诉每一个想提升文案的朋友。

水滴石团队揭秘：开头激情澎湃，读的人也会很兴奋、很提劲。这句话解决一个重要问题:《Neil French》出了正版，他们要买的书的名字叫《文案之神尼尔·法兰奇》。

一定要迅速让消费者清楚他们买的是什么产品，别介绍了大半天，别人还以为要买的是盗版的英文版。所以，我们第一时间告诉他，正版改了名，叫《文案之神尼尔·法兰奇》。

我们写这篇文案时很有热情、很激动，有个原因是当时销售压力过大，生怕书卖不出去要打工还债，所以铆足了劲写。我们一个非常要好的大 V 朋友，看完说写得特别好，好到他不敢发。我们问为什么，他说写得太有煽动力了。

第二句话，我们作为写文案的博主，马上出来背书，告诉他这本书打开了我们的文案力。为什么我们说这句话大家会信，因为我们给大家写了好几年文章，如果我们的文案力很差的话，还有人看文章吗？卖货文案的作者，天然有光环效应，你要把这个光环在适当的时候赋予你在卖的产品。

"告诉每一个想提升文案的朋友"是锁定目标人群。文案卖货如果只有一个诀窍，就是：决定你对谁讲话。如果你不是想提升文案的人，你就没必要浪费时间。

盗版很猖狂，我们必须马上上证据，证明我们卖的是正版。我们贴出了尼尔的推特官宣截图，再配上说明文字：

Neil French 推特发文，宣布 Adernous 为他的中国官方合作出版商。Adernous 就是"广告常识"的微信号。推特配图为我们带给他的第二版样书，当时书名还是英文的。

水滴石团队揭秘：尼尔本人发推特带上了我们公众

号的微信号，证明我们是正版。

为什么要标注推特配图是第二版样书呢？不标，消费者可能会以为他买的也是一套黑白配。收到书发现不是，肯定会不满甚至退货。第二版样书，也在为后面的销售做对比铺垫。

紧接着，第二段，我们问了一个问题：

请你思考一个问题：222元能买到什么？请仔细阅读本文，以确保以最低的价格拿到最多的回报。朋友圈预售试销破1000套，首印只剩1000多套，现货先买先发，10点半前下单的，今天发货。

随后配了三张书的实拍图，底部配文：小红本是定制笔记本、黄蓝色上下两册一套、左图为尼尔·法兰奇亲笔写的寄语。

水滴石团队揭秘：这是什么原理呢？你一说思考一个问题，读者就真的会去想，从而攥住他的注意力。

222元能买到什么？是价格锚定，他下意识会觉得书价肯定是222元，最后谜底揭晓只要160元，远低于他最初的预期价格，他会觉得小赚了一笔。

再用利益来诱惑他仔细阅读，因为仔细阅读带来的好处是"确保以最低的价格拿到最多的回报"。

后面跟一个热销数据"朋友圈预售试销破1000套"，强化为什么值得仔细阅读。

"首印只剩1000多套"则是营造稀缺感。

现货、发货时间等，如果没做调研，我们怎么会知道现货先买先发。这事这么重要？就因为我们看到网上无数人鬼哭狼嚎说买不到，买不到现货，高价买了还迟迟不发货。

实拍图和底部说明文字，是上产品图、划重点，也很必要。

"小红本是定制笔记本""黄蓝色上下两册一套""左图为尼尔·法兰奇亲笔写的寄语"三句说明文字，亮出来是以免读者收到书说不对：我怎么没有小红本？因为黄蓝两册才是书，小红本是限时赠品。

产品实拍图，来自消费者晒图，特别真实，消费者拍的照片的真实性，是官方图片永远无法超越的。因为每个人拍的都是打动了自己的点，像这种消费者反馈，一定要仔细收集。

文案卖货一定要大方放出产品，产品才是最终吸引消费者的主角。

"左图为尼尔·法兰奇亲笔写的寄语"则让消费者知道，拿到书，他也能看到尼尔的手写寄语，这是他们真正在乎的。

开头一定要简短，单刀直入、重点突出、诱惑大。

进入

第一部分

1. 曾经，不读《Neil French》不足语文案

我特别羡慕一种人，他们靠一本书，打开一个世界，凭一本书过好这一生。比如基督徒，不论遭遇何种变故和机遇，他们总能在《圣经》里找到抚慰的注脚，连章节页码都能脱口而出。

文案，也曾是被羡慕的一群人，因为他们有《Neil French》放在案头、压在箱底，有困惑，拿起书疑云散尽，放下书提笔上商场杀敌。

无怪乎人们封 Neil 为神，这一点也不夸张。尼

尔·法兰奇的同名作品集《Neil French》是 13 年来，豆瓣评分最高的传奇文案书籍——237 人评价，获得 9.1 分。

水滴石团队揭秘：这段的配图是盗版的豆瓣评分截图。小标题后的所有文案，都是在证明小标题言之有理。上来就突出这本书的领导地位"曾经，不读《Neil French》不足语文案"，为了防止有人钻牛角尖，有意写的"曾经"。再描述基督徒靠一本《圣经》抚慰过好日子的巨大事实，借势《圣经》，同时明示尼尔的书对文案商场杀敌，也有同样的效果。

拥有尼尔的书，文案就能所向披靡的描写，调动了人性的贪和懒。只要买这本书，就能像基督徒手握《圣经》一样，凭一本书过好一生，这是每个有过苦难挣扎的文案，梦寐以求的事。

产品在"案头解惑、提笔杀敌"的使用场景刻画，也很容易让文案等需要的人对号入座。

豆瓣评分截图，则让"文案之神"这个事，变得可信。正常来说，搞封神这套人们是反感的。可"霸榜 13 年，237 人评价，获得 9.1 分"一看就不容辩驳，说神也不算夸张。这也是为什么一定要把 237 人写出来，一个人评价 9.1 分不稀奇，广告营销专业书，豆瓣评分一旦破一百人，上 8 分的就寥寥无几。尼尔的书 237 人评价破 9 分，是不是逆天呢？

受新版推广的影响，盗版评分有所回落，但还是保持在 9 分的水准。

前文说过，生产产品的人，是产品好的有力证明，必须把尼尔的传奇性写出来。

尼尔·法兰奇可能是广告史上获得最多奖项的广告人，生于 1944 年的英国伯明翰。学生时代的他是帮派老大，16 岁被撵出学校。走上社会后，经历丰富驳杂，令人咋舌：当过兵、做过斗牛士、干过房地产、干过歌手、干过讨债的、干过快递，开过广告公司、搞过业务……给人最高震惊指数的莫过于他曾拍过大尺度影片。

水滴石团队揭秘：用个人传奇经历做背书，想想尼尔的这些经历，中国的文案们根本没有。传奇不传奇？咋舌不咋舌？传奇且咋舌。为了阅读畅快，当、做、开、搞中间，连续用了四个"干"字排下去。拍大尺度影片放在最后，是加深印象。

最前面放获奖纪录，是因为在那个年代，广告人还很信创意的力量和广告奖的权威。获奖和大尺度影片是重点信息，放在头尾位置，利用的是大脑接受信息的首因效应和近因效应。人们对最开始和最新的信息更关注。

他一度是著名重金属乐队犹大圣徒的经纪人，而后闯荡广告40年，任至全球最大的传播集团WPP的全球创意总监，留下传奇广告作品无数，被称为广告教父的教父。

水滴石团队揭秘：40年跨越周期，时间是最好的证明，干40年还这么出色的极少。他的最高职务是WPP全球创意总监，这是专业背书。WPP没有知名度，所以我们要强调它是全球最大的传播集团。留下无数传奇作品和广告教父的教父，再次印证尼尔的传奇和地位。教父的教父也是顶级粉丝代表证言。

他也是全球唯一一个，作品同时登上文案圣经《The Copy Book》（又名《创意之道》）和《定论》（印度版《创意之道》）的广告人。

水滴石团队揭秘：我们在前期调查中发现，广告业全球超强经典图书《The Copy Book》和《定论》，尼尔是唯一一个同时登榜的人。这个信息一出，大家肯定更想买他的书。

尼尔俨然是中国广告圈的大众情人，业界学界大佬新秀通吃。微博搜索"Neil French"，苏秋萍、杨立德、邱欣宇、李三水、范耀威、乔均、胡辛束……一串业界中坚力量或者新锐的名字，伴随着尼尔·法兰奇的文字、作品摘录或者推崇出现在搜索结果里，满满的全是爱和崇拜。

水滴石团队揭秘：前面讲的都是有全球影响力的事情，很牛，但离消费者的生活太远，所以我们需要拿身边的一些人做案例。尼尔的中国徒子徒孙证言就是最好的，我们从新老、国内外、业界学界、地产等多个角度进行论证，尼尔是个无死角的大佬。不信就可以微博自己搜一下。配图全是从这些资深广告人历年自己发的微博中选出来的。自然而真实。

写卖货文案的时候，我们隔三岔五把通过搜索能让消费者自行验证的线索放出来。胡辛束的配图，我们特意截了微博输入状态的搜索框，就是这个目的。

消费者喜欢看到产品介绍中，有他熟悉的东西，这样他们更容易理解，也更有安全感，能更好地做购买决策。这是放尼尔中国"徒子徒孙"证言的必要所在。

上面的人，还是太牛，万一全是尼尔送了东西给他们，他们拿人手短才这样说的呢？虽然几乎不可能，但我们还是要进一步打消这层顾虑。看下普通消费者是怎么看的。

一位豆友说得好，尼尔·法兰奇是老师中的老师傅。

水滴石团队揭秘：大佬级粉丝说尼尔是"教父的教父"，普通消费者说尼尔是"老师中的老师傅"。大众用户和大佬级粉丝的说法交叉印证，重复强化利益点，豆瓣截图有证可查。

《Neil French》打开了无数中国广告人的脑洞，过去13年，这本传奇案头书，在亚洲，特别是在中国市场一直被验证有效，它成了他们从优秀走向卓越的转折。曾经，没读过《Neil French》不足语文案。

水滴石团队揭秘：把产品的牛抬到了一定高度，就要开始展示产品效果，得让人感觉跟自己有关。因此，一定要用效果跟中国文案人群关联起来。时间——13年，地点——亚洲特别是中国，功效——文案从优秀走向卓越的上升转折点。效果清晰可见，让想要再进一步的文案产生向往，末尾还扣了一下小标题。

深受《Neil French》影响的一代中国广告人，早已是国内广告圈的顶梁柱——他们不是总监以上级别，就是自立门户做了老板。

水滴石团队揭秘：继续强化效果，继续缩小范围。被尼尔影响过的一代人，不是顶梁柱，就是总监和老板。凡是有点追求的广告人，谁不想高升？谁不想做老板？

原来天天在办公室"压榨"你的老板，就读了这本书，居然不告诉你。更加心生向往。万一不信，还可当场去问老板：尼尔的书怎么样？十有八九就引出一大段赞美，也是提供了一种特殊的验证方式。

我入行的时候，遇到的指导，也受到尼尔·法兰奇的影响。正是他的博客，让我找到了通往尼尔·法兰奇40年传奇广告生涯经典作品集的钥匙——尼尔·法兰奇的个人网站。

水滴石团队揭秘：我们作为卖货文案的作者，再次以自己为例进行背书。

我们没写过伟大的文案，但是常年写公众号，专业水平好不好，有没有可取之处，读者心里是有掂量的。我们心中要有数，但写卖货文案的时候，不能瞎得瑟，悄悄含进这层意思就好。本书详细揭秘，我们就掰开来说。不相信的，他也可以到尼尔的个人网站上走一圈，对不对？

2008年起，这本实体书则再难买到。时至今日，我都毫不惊讶，还有广告人在微博、豆瓣、知乎等社交媒体上感叹，连续两天找《Neil French》，哪儿哪儿都没卖的失落。

水滴石团队揭秘：正当消费者有点嫌弃我们"王婆卖瓜，自卖自夸"时，一个大反转，一本一个好文案非买不可的书，竟然还买不到。突出书的珍贵，营造书的稀缺。

把微博、豆瓣、知乎都抬出来，再次证明尼尔在哪个平台都有粉丝喜欢和呼唤。各大社交平台上，用户那些真真切切找书的信息，就像在眼前，让消费者体会一书难求的苦和痛。截图大量引用消费者的话，更真实、更可信、更可感。

消费者的评论，有官方永远达不到的两个字：真实。他们的话，我们没有任何加工，只是在适当的时候丢出去就可以。

为什么如此奇书，竟无处可买？因为《Neil French》是未经授权的盗版书，被尼尔·法兰奇发现后，就彻底从地下转向了地下室。

水滴石团队揭秘：写卖货文案，就是不断帮消费者答疑解惑，他们最疑惑的点，一定要在一篇文章里全部解决。好书买不到，因为流行的是盗版，摆出反常识的震撼事实，不能买盗版，必须有正版填补空缺，为正版的出现铺路。

"从地下转向了地下室"用了叠词重复的技巧，我们想说的是，**卖货文案用技巧，通常是为了增强音律，加速传播，前提是不能影响文案的通俗易懂。如果不能提高沟通效率，就不要使用技巧，用大白话写顺溜就行。**

为告诉读者《Neil French》是本盗版书，尼尔特意写了这封公开信。详情阅读：我打算翻译一本盗版书，这是个揪心的决定，但是值得。

水滴石团队揭秘：配图、说明文字、超链接，亮出尼尔指责盗版的公开信，公开信还翻译了出来，方便消费者查证。有没有发现，我们基本上实时帮消费者做查证工作。

前文说过，消费者通常不关心产品是盗版还是正版，他们只关心产品是否对自己有利。幕后策划人出来指责，会给人为利而争的观感。发出作者尼尔的指责，消费者就不会反感，他们多少还是在乎作者的。

地下室里，有三个尼尔·法兰奇作品集（另外两个白色封面的盗版影响力小），公开信上这本灰色是盗版最广的，市面上多流传这本盗版的影印版，一度炒到了上千元的价格。

水滴石团队揭秘：展示3个盗版的幕后功课，细节越多越容易赢得信任。盗版我们门儿清，利弊了然于心，只是我们不说，因为我们是来卖书的，不是来打假的，目的不能跑偏。

点出盗版炒到上千元，是为后面的定价做铺垫。跟上千元比，不管是文章开头说的 222 元，还是最终的定价只要 160 元，消费者的感受一定是赚的。

这也是为什么，去年 11 月 9 日，拿到版权后，我在朋友圈预售《文案之神尼尔·法兰奇》数天，就有超 600 人，近 1000 套预订。

水滴石团队揭秘：两个预售群截图，显示热销状况。示范用户的转账、聊天记录、头衔等购买截图，配文"CP+B 中国区一位重要负责人，得知正版发行，一次购买了 30 套"。CP+B 在广告创意行业全球知名，他们中国区老板一下买了 30 本，是会形成示范效应的。

截图的马赛克，偏偏"CP+B"的字样没打到。很简单，我们要消费者看到。

说到这儿，我们很担心以后写卖货文案，你们再也不买。没有关系，我们还是那句话，**所有卖货文案，都是基于事实放大，而且只卖我们用过很好，且你需要的东西。我们的写法，只是让消费者更快了解产品，确定自己是否需要。**

传奇作品，在地下也会发光、发亮、发热。如今，它将以《文案之神尼尔·法兰奇》之名与你重逢相遇。

水滴石团队揭秘：地下的描述像探秘，画面感强，引人入胜，对吧？"在地下也会发光、发亮、发热"再次证明尼尔传奇的效力。我们知道很多人买了盗版，如果盗版不影响你，你就不要去抨击，精力浪费在无关的地方，怎么好好卖货？如果盗版不影响我们的销售，我们从来不说。这里会提，因为它会影响，又不过分提，是没有必要让买过盗版的消费者不舒服。

不计前嫌，但别光夸盗版，我们要卖的是正版新版，强调新版的名字，还说成是"重逢相遇"，美妙而有意思。

紧随其后，放书的目录页图片。目录图片是书的重点成分试用，加深消费者对书的了解。对一本书来说，目录就是书的标题，目录不诱人、不清晰，很难卖出去。

有些人写产品的重要信息，会一股脑甩出来。太过枯燥，往往会劝退消费者。要边讲故事边甩。讲得消费者有兴趣，你放一点，又很有兴趣，又放一点，再很有兴趣，再放一点。一边讲一边放，到后来，他会觉得不买损失太大了，心里痒痒。

配文"《文案之神尼尔·法兰奇》目录页，38个平面案例，19个影视广告案例"，一句话解释了，消费者能买到的具体的内容。后面的"每个案例都有尼尔从策略思考到执行表现的整套呈现"是最佳利益点。策略思考、执行表现、整套呈现，画出利益点。你想想，一个文案的工作，说来说去，也就这三件事。

最后，正版的书名一定要接民间的美誉，盗版的流量，这就是为什么我们第一版的书名那么长。如果有必要就不怕长，很多人为求短，连意思都没说明白，失去了文案的功效。

书的牛讲好了，进入

第二部分

2. 13年，从《Neil French》到《文案之神尼尔·法兰奇》

我们原本打算绝口不提盗版，前辈的归前辈，历史的归历史，我们不是来打假的——功过是非买家自断。

水滴石团队揭秘：第一部分，讲清了书特别牛，而且能让你牛。第二部分，讲正版和盗版有什么不一样。盗版和正版，新旧交接，顺势推出新产品。新旧对比之前，先安抚买过盗版的消费者。

但是，买了《Neil French》的同学，得知我们改名为《文案之神尼尔·法兰奇》出正版后，常问这样一个问题：你这套书有什么不同？

水滴石团队揭秘：不说盗版，照顾买过盗版的消费者的感受，一定要充分展示同理心。大家都是过来人，正版盗版的书都买过，好与不好，大家很清楚。不是为消费者买盗版开脱，很多时候，也是被逼无奈，不买盗版就拿不到相关资讯。现实中读者的反问也的确常碰到，为了解决问题，不得不简单说一说盗版。让读者别有心理负担。

答：考据纠正错漏内容，保留经典译法，增补经典案例，像做纸质阅读产品那样，全新翻译设计。

水滴石团队揭秘：说明新旧产品的异同，直白的意思就是，盗版的优点，我们保留了，盗版的缺点，我们改掉了。反正你想一想，你要是真爱这本书，能不买正版吗？空口无凭，随后就从继承和发展的角度，引出正版的好处。

关于《Neil French》的内容错漏，我曾在《11年后，我发现老版〈Neil French〉有23个加塞、漏译、错译、待优化之处》一文中，图文并茂注释过，网上搜索标题就能看到详情，此处不赘述。

水滴石团队揭秘：给出错漏验证方法，不给跳转链接，以免中断阅读。为什么这里不给超链接呢？因为消费者看到这里，已经进入了我们卖货文案的语境。换句话说，我们已经取得了人家的信任，就没必要没完没了地自证。能看到第二部分的消费者，买的概率很大，这个时候他如果再跳到其他网页，很难保证还会回来。告诉他可以去搜即可，通常看了这么久，人是比较懒的，不会再去搜。除非他感觉我们在骗他，他才会去搜。

有一点要特别指出，新增翻译的19个影视广告案例、修正的内容和独家专访，加一起超100页，相当于《Neil French》近三分之一的内容，都是第一次翻译出版。

水滴石团队揭秘："特别指出"就是实时划重点，当你看到新版、独家专访、新增影视广告案例、简体全新翻译设计等重大不同，新增内容居然就有老版的三分之一之多，你是不是会觉得非买不可？除非你不需要这本书。

《文案之神尼尔·法兰奇》虽是全新翻译，我们却从未刻意去制造翻译上的不同。相反，一些经典的译法，我们都保留了，以免徒添读者辨别的烦恼。比如Neil French 的中文名，国内广告媒体报道大多译做尼尔·法兰奇，我们保留了。比如"生活是个……而你又娶了一个"等金句翻译，我们也保留了。感谢这些经典译法的译者们。

水滴石团队揭秘：旧品升级，很多人认为一定要跟旧版彻底不同。而我们则是看市场反馈，市场认可的我们都会保留，因为全都是市场验证过的购买理由，如果连最基础的购买理由都丢掉了，那消费者就懒得买了。我们举例告诉消费者，盗版中好的翻译，我们真的帮你留下来了，在新版中也能看到。我们还很推崇一些经典译法，就怕给大家徒增辨别的烦恼。看过正版盗版故作不同拉低阅读体验的，就深知这种烦恼。出个新版，为了显示自己的功绩，非得按照个人喜好做得完全不同，真是无语。我们还感谢了其他版本的译者，心存感恩，当人家找上门来，也有合理的说法。

灰色头像封面的《Neil French》是市面上流传最广的盗版版本，一度远销我国香港、澳门、台湾地区，以及新加坡等东南亚国家。很多从业十几年的资深广告人误以为在这些地方买到的是正版，正是这个原因。

水滴石团队揭秘：当时有个行业大V在卖尼尔的盗版影印版，他在文章里说，他是在新加坡拿到的正版。我们不纠结他是真不知道还是装不知道，因为他卖盗版影响比较大，所以我们必须指出这点，不然我们卖货就成问题。我们没有指名道姓，而是以"从业十几年的资深广告人"为代号。

它的繁体字超小，内页排版也没有做严谨的统一设计，阅读体验并不好，加上是用纸质书影印的，文字多重影模糊，给阅读体验减分。

水滴石团队揭秘：客观指出字体大小、繁体、排版、重影等影响阅读的因素，让消费者慢慢远离盗版。整个过程，我们都是在不断劝消费者离开盗版，而吸引他转投新版本。

配图和说明文字"742页，上下两册一套，全彩印，采用特种纸最佳还原作品本来面目。简体畅销书开本，浅灰底纹阅读和视力都舒服。"也有门道：配图展示的全是消费者可感知、可验证、可对比的优点。

三张图是读者发来的，最左边是小姐姐的美甲压在书上，衬得很好看。把打动过你的产品图片放上去，也会打动其他消费者。因为这里要突出书的彩印，所以我们挑的都是浓墨重彩的页面，让消费者能直观地感受到。

第一版的内页是灰色底纹，我们吃了大亏。最早为了仿《圣经》的质地，我们特别设计了灰底，却忘了那种灰底《圣经》为了节省成本，用的纸非常差，给人地摊廉价货的印象。

至于"特种纸"是什么，我们外行也搞不懂，只是它的工艺，看起来像"神奇成分"，神奇就在于，你不需要弄懂，听起来就很牛。

中间的图片夹了一个杰士邦的避孕套，是当时的赠品，得先让大家在图里看一眼，打个预防针，不然拿到书，拆开掉出一个套套，不得吓得人家以为我们不正经。循循善诱，缓缓过渡。

说明文字继续介绍产品的重点，页数、册数、印色、开本等，再次强调上下两册一套，如果消费者买回去还跑来质问，那就不是我们的责任了，这是为售后减负。有些卖货文案考虑不周，卖货一时爽，售后累成狗，就是没有把售后的常见问题在文章中解决掉。

为了优化体验，我们像做一个纸质阅读产品那样，全新翻译和设计了《文案之神尼尔·法兰奇》，大体做了三大方面的改善：

一、首次英文原文、中文译文和广告原作并行，16开（畅销书常用开本）简体印刷，方便对照、阅读、携带。

二、以广告文案的口吻重译全书，邀请设计公司和英语专业翻译担纲视觉设计和翻译校对，力求行业语境、英语专业和视觉审美三顾。

三、将近750页，分上下两册，广告原作全页排版，全书彩色印刷，翻阅起来非常合手感，也能最佳还原作品成色。

水滴石团队揭秘：摆事实，继续列出正版的独特买点。**买点就是能打动消费者掏钱的卖点。**"将近750页，分上下两册……"再次强调消费者会买到的是什么东西。高价产品，上来就要说清楚你卖的是什么，一定不要遮遮掩掩。像我们卖3万字的读本《用好定位》，定价300元，卖150元，我们上来就告诉他不是书是读本，很薄，介意就不要买。

简单来说，《文案之神尼尔·法兰奇》是《Neil French》迄今为止唯一一得到尼尔授权的中文正版。它的内容包含《Neil French》，又新增19个影视案例和一次2小时独家访谈文稿。全新设计全新翻译，既继承了经典，又纠正了错漏。

水滴石团队揭秘：细节写多了，消费者可能会消化不良，要适当地帮他总结。一句话"新版 = 保留盗版精华 + 改善盗版缺点 + 新增盗版所无"。好上加好，你要不要买？

随文三张配图"正在签署合同的尼尔·法兰奇""尼尔·法兰奇和水滴石团队鬼鬼""版权合同扫

描"，这是强化正版授权证明。

如果没有文案卖货"找三能"的思维，我们跟他聊天的时候，根本就不会想到要跟他拍那些照。还没写文案，我们就想好了，哪些关键信息，一定要在新加坡见他时拿到。不然回到国内，老爷子又去周游世界了，人都很难找到。所以，他签合同的时候，我们特地拍了照，近、中、远各拍了一张，后来用了阅读最舒服的一张。

前面讲了很牛的书跟消费者有关、很牛的书出了正版，第三部分就要解决是否过时的问题。

进入

第三部分

3. 潮流来来去去，经典永不过时

新媒体传播时代，各种次元的广告齐飞乱舞。2015年大家都在做 H5，2016 年都在追逐直播，到今年又新宠了长图流，技术、创意、内容从来都没有像今天这么大爆炸，还炸得又烈又灿又好看。

尼尔·法兰奇离开广告圈已有 12 个年头，他这 40

年广告生涯沉淀下的天马行空的广告案例，还能否赶得上如今广告潮流的更迭？

水滴石团队揭秘：首先关联当时国内广告环境，让消费者进入他们熟悉的情景，方便对比理解。

技术、创意、内容大炫技的时代，难免会有人看不上尼尔的一些做法，我们知道消费者有这样的疑惑，索性就先摊牌，自曝缺点，帮他问出他想问而还没有问的问题：是不是过时了，还赶得上潮流吗？

这一定是消费者最想问的一个问题。自曝缺点，要马上解决，卖货文案有足够篇幅，自证清白。

我想起第一次看尼尔·法兰奇给皇家·芝华士写的广告，用超自信、略带蔑视的语气，说你买不起，反而引起你的注意，一度让皇家·芝华士抢到了品类第一的位置。

水滴石团队揭秘：我们作为作者，又出来背书。卖货文案的作者，任何时候需要你出现，一定要挺身而出，你就是一个诚实的工具人。

为什么要举皇家·芝华士的例子？因为它是尼尔在

中国最有名的案例，举例一定要举消费者耳熟能详的。

回过头细想，你会发现，你记住的不是尼尔·法兰奇的某个金句，而是他为品牌创造的系统的策略表达。

真正的文案，所谓擅长创意表达，实际是擅长有策略地表达创意，而这正是尼尔·法兰奇的厉害之处，也是广告人亘古不变的竞争力。

水滴石团队揭秘：反击"能写金句就是好文案"的固有认知，有点见识的专业人都知道，"尼尔的厉害不在写了几个金句，而在系统的策略表达"这是一句绝对专业的做派。到这还在乎金句的消费者，就是不懂策略表达的非专业人士。

没有人会承认自己不专业，自然就不会再在乎金句的含量。

用更强的观点改变世俗成见，再用新认知（**真正的文案，所谓擅长创意表达，实际是擅长有策略地表达创意**），去替代我们攻击的固有认知（能写金句就是好文案）。哪怕他不买书，看完这句话，对他未来的工作都有帮助。策略的创意表达，才是文案最重要的，其他的都不那么重要。王老吉出绿盒的时候，它的广告语叫什么？王老吉还有绿盒。放在金句的世界里，什么也不是，可人家接战略、接销售，大声告知好卖货。

顺带也点出了《文案之神尼尔·法兰奇》这本书真正的核心价值。

上半年，流行的用短暂的产品做广告的案例，不论是丧茶店，还是分手花店，看似新颖，其策略和洞察，正是尼尔·法兰奇在 XO 啤酒战役中用过的——以假验真。

水滴石团队揭秘：你不是怀疑书过时了吗？我们马上举例告诉你，最近业界出现的几个非常火的案例，用的就是尼尔用过的策略，你说它过时了没有？这是至今有效的最好证明。

一定要关联当下热门案例，制造反差。消费者崇拜得五体投地的案例，用的就是人家老掉牙的策略。

随后展示 6 张 XO 啤酒的配图，配文"《XO 啤酒》案例节选。中英双语、出街作品对照，全屏大幅印刷，既有中文的参考，又有原文可查询，最足本保证作品思想和精髓传入为你所用。"

书中作品有十几张，我们只放了 6 张图，这是节选试用。**放图有两个原则：第一，一定不要全放，要留点悬念和念想。**就像我们喜欢帅哥美女，喜欢的是若隐若现、似有若无，没全得到的刹那惊魂朦胧。当他／她真坦诚相见站在你面前，你顿觉了无生趣，再也不想要了，你已经得到你想要的了，掉头就走。

只放一点，就是引线。

第二，放有冲击效果的。为什么我们不展示尼尔最有名的皇家·芝华士的配图呢？因为 XO 的配图大，非常有冲击力，而皇家·芝华士的配图有大片留白，真放出来，有点平淡，看完就想走，根本不想买。一定要选能够诱惑消费者的图片。

放一点，我们也说得很清楚，是案例节选，起到试读的作用。

"中英双语、全屏大幅印刷"等是前面讲过的原作大全页印刷好阅读的优点，这里配图呼应。最后那句"最足本保证作品思想和精髓传入为你所用"，明摆着诱惑消费者，你要拿到你就能悄悄吸收尼尔的功力。

追求一个 H5、一张长图流、一场直播、一支短视频、一张海报等单点创意得失的广告人，终究是执行人员。多看一点经营广告的书籍，系统掌控一场战役，服务一个品牌，才是大创意者该有的视野和思路。

《文案之神尼尔·法兰奇》正是这样一本书，它不因某个金句永流传，而因整体的策略和洞察永不过时。

水滴石团队揭秘：帮大家打开格局，教大家做更高段位的人。看到这，还纠结一张图一个 H5 得失的人，就是执行的命，不是当老板的料。不容置疑的常识，反向借势当下行业盛行的风气。

就在这一刻，只要 4 杯咖啡，相当于 3 本畅销书 40 年的传奇思路和作品，就在你手边，扫码下方二维码，跳转购买，让我们送它到你手里。

水滴石团队揭秘："就在这一刻"是催单临门一脚，你细品，就好像有人拿手敲桌子，要你立刻重视和行动。

依然激情澎湃地感染消费者。同时还解决几个问题：第一，现在就买，不要转移话题。第二，帮他算账，证明不贵。扫码进去发现只要 160 元，三本书（最开始销售时有活动，买两本书送小红本）除一下，平均也就 50 多元一本，没那么贵。对比文章开头植入的价格锚 222 元，省了 62 元。40 年传奇，平均 4 元一年，太便宜了。

为什么不说相当于"3 本经典书"，而说"3 本畅销书"？借势畅销书，要让消费者觉得这本书就是畅销书。

"4 杯咖啡"一是不贵，二是关联过量伤身的负面信息。少喝咖啡，换来一套好书。**帮他戒掉一个不好的习惯，同时塞给他一个更好的东西。让消费者觉得买你的产品是更好的选择**，你说他是不是得感激你？

有的人用 10 年修炼，换一次优雅转身，而这本费尽 4 年打磨的《文案之神尼尔·法兰奇》，是广告人，尤其是文案优雅转身的再好不过的跳板。

如果你身边有人在找这本书，如果你喜欢尼尔·法兰奇，请转发这条消息，给你的朋友，到你的朋友圈、你的群。如果你朋友终有一天会得知这个好消息，我想他更愿意更感叹先从你这里知道。

水滴石团队揭秘："如果你身边有人在找这本书"这句话非常关键，如果说上一句我们还是在敲定人群，这一句就是在开始鼓励消费者发给他的朋友，为扩大销售做准备。

买了你的书，还平白无故让人转发，有的人看到这里，可能会骂人：你是谁呀？你何德何能？要我的钱，还要我免费帮你转发，是不是太把自己当回事了？所以，后面一定要跟一句合理的解释，不然就真是太把自己当回事了。

你一定也有过类似经历，看到一个好东西，不舍得分享给朋友，后来朋友发现了反而先分享给你，搞得你羞愧又后悔无比。

总而言之，强化前文的转折认知，不断催单，鼓励转发扩散，提升销量。

大问题都解决了，其他小问题，就留到常见问题去修补。

进入

最后一部分

4. 常见问题

问：如何以更低的价格购买此书？

答：关于价格，160元／套，742页全彩，超首重只需9.9元邮费，预售的朋友收到书都说"第一感有点儿贵，书到手就觉得超值"。

水滴石团队揭秘：除了前文解决的问题，购买过程中，还有哪些常见问题影响消费者下单呢？列出来一一作答。

借消费者证言，再次突破价格难点，解决书贵的疑虑。

我们还给你准备了一些福利：1）购买过我们的书籍、付费文章、讲座等产品的老用户，凭借过去消费和本次购书的截图，可领取5元现金红包。2）回复"我要尼尔"，获取再领取10元现金红包的方法。

水滴石团队揭秘：设置福利助销，老客户红包奖励刺激下单，新客户转发扩散给优惠。

问：怎么保证我买到的是正版《文案之神尼尔·法兰奇》？

答：一查书号，二看合同，三见尼尔亲笔寄语、推特公布的消息。

水滴石团队揭秘： 始终不忘主题——终于能买到正版，卖货文案一长，后面要再次重复重点，再次强调正版，教消费者验证方法："图中红框为正版书号，尼尔手写寄语、合同扫描、推特截图见前文"。

本书小众限量印刷，不上亚马逊、当当、京东等网络商城，只有公众号"广告常识"的微店"良食书店"在销售。任何其他地方出售本书都是盗版，鬼鬼概不负责。

水滴石团队揭秘： 小众、限量、限定购买渠道，强化稀缺感。

有的人买书，他会等书上大平台再买，等到你降价再买。我们知道你会等，我们先告诉你尼尔的书不上亚马逊、当当、京东，把其他渠道堵死。为了让他在我们店铺买，我们还进行了风险提示"买到盗版，概不负责"。当时新书上市，第一天，淘宝马上就有人低价预售盗版，卖了100多套。后来，有收到复印版残次品的人，跑来找我们投诉，我们也只能无奈地表示不是我们卖的。

问：发什么快递，什么时候发，多久能到？

答：默认发中通快递，上下两册一套重1314克，超过首重，除了新疆、西藏、宁夏、青海，全国邮费9.9元。周一到周五，第二天发；周六周日，当天发，2~4天送到。发其他快递需自负额外的邮费。

问：小红本《未使用素材》是什么？需要另外购买吗？

答：小红本是一本100页厚的笔记本，有18页是出版社拿掉的内容，主要收录了三篇文章：一篇是尼尔回应性别歧视争议的广告，一篇是尼尔回应盗版《Neil French》的公开信，一篇是我们第一次联系尼尔的原始信件全文。

水滴石团队揭秘：再次对比价格。100页的小红本卖30元，对比742页卖160元，消费者自己会算清楚账。配图是实物回应文字上的两个小红本购买理由。

问：为什么选了一款灰色的纸？

答：纸张是白色的，灰色是我们特地设计的，保护视力、阅读感受好。我们选的是一种特种纸，同等克数，它比铜版纸更贵。

水滴石团队揭秘：丑话说在前头，解释灰色纸张的原因，管理用户预期。再次强调，灰色纸张不是出错，是故意设计。整个文案相当慷慨激昂，消费者看完有"不买就亏了"之感。如果不做预期管理，买回去他可能会有"信了你个鬼"的失落感。前面调动预期，后面管理预期。

问：收到书，从书里掉出一个奇怪的东西，是不小心夹进去的吗？

答：哈哈哈哈，你是说书里的杰士邦吗？那就是我们特地赠送给你的书签，数量有限，送完为止。也因此，有人说，这是一套纯正的床上读物。如果你拆书或阅读时被身边人误解了，请毫不含糊推卸全责到俺们身上。

水滴石团队揭秘：配图展示杰士邦赠品，图下说明文字"感谢杰士邦赞助零感，限量书签，早买早送，送完为止"，既露出赞助商，也进一步说明激励政策，并催单。

问：能给我签名，送点"鸡汤"吗？

答：默认不签名，若你想给鬼鬼一个练字的机会，请备注我要签名。签名版会推迟两天发货。

问：公司采购、团购有优惠吗？

答：请加我微信×××私聊，备注"采购尼尔"优先通过。

问：书磕碰坏了、重影、缺角，我找谁说理去？

答：有任何问题，请微信发图我处理，鬼鬼、灯管、鬼小鬼、机灵鬼四个微信任意一个皆是我，不在我朋友圈的，请加我微信×××，备注"买尼尔"优先通过。

水滴石团队揭秘： 列出发货、重量、签名、团购、破损等主要售后明细，这些常见问答，可以拿回去当模版用，任何产品的卖货文案，改改就能用。

最后连放三张大图，展示书在生活、书架中的场景，让人感受拥有后的状态。并再最后一次催单"点击阅读原文，先买先发，现货现发"。

现货很重要，先买先发有紧迫感。

三张大图是读者返图，拍得特别好，特别是挨着瓦罐的两张，看着跟高楼大厦一样。**产品的美，是最无**

声、最让人心动的购买理由。

书柜那张，有个人买了我们大大小小一排产品，让消费者看到书在书柜的美感。

以上，《文案之神尼尔·法兰奇》的卖货文案逐句揭秘，就讲完了。不管你卖什么产品，都是这个逻辑，运用这些心理原理。

我们有一句重要的话：**卖货文案不是写出来的，而是根据消费者的反馈，一点一点测出来的。**

我们一直跟别人说，写卖货文案，跟做一个营销咨询项目是一样的，前前后后得花半个月，了解产品、购买测试，然后改，发出去之后根据消费者的反馈再改，最后再大范围地推广。我们当年读定位全集的时候，发现用定位做案子的逻辑，跟我们卖货的过程一模一样，只是它总结了其中道理和规律，叫定位。所以，我们当时看到如获至宝。

卖货文案是根据消费者的反馈一点一点测出来的。过程中，你要动态观察，主动更新文案，化解负面认知。

我们第一版发出去，不少人骂，什么翻译差、排版差、纸张差……甚至说是割正版的韭菜。辛苦奔波几年，第一次看到这种差评，当时真是万念俱灰，就感觉好像消费者宁愿买盗版，都不买我们的正版。

就在这个时候，我们关注到有一个广告人挺身而出，他在微信公众号为我们说话。我们看到这个信任状后，立马截图，第二版卖货文案，开头就讲这件事——

《文案之神尼尔·法兰奇》第一版发出后，当时有些反馈给了我们很大压力，有些读者对这本书的预期已经超出了评价书籍的平常心，我们一度在想，是不是不该去推动正版的发行？

水滴石团队揭秘：第二版卖货文案，我们就不再用书的全名《文案之神尼尔·法兰奇》，而是直接叫《文案之神》。因为宣传了一段时间，用简称大家也知道是哪本书。简洁能加速传播。

慢慢地，我看到很多做创意十年、二十几年的广告人，给了这本书正面的点评。一本与广告、创意、文案相关的案头书，能得到同样擅长洞察、文案的同好的好评，无疑是莫大的鼓励。

印象很深的一段评价，来自做出了"爱帝宫母亲节""唯路时七夕"两套走心地铁广告的"平凡信仰"。

她是这么说的："老头子的这本圣经我有三个版本的盗版，以及一个电子版。从入行我就开始看，反复看。在我看来，这是除《创意之道》之外，每个文案都应该放在枕边的另一本教科书。下面这本（此处省略配图）是正版，在微信公众号'广告常识'买的，主要用于收藏和送朋友。"

水滴石团队揭秘：我们为什么要摘这个呢？因为"平凡信仰"的这两套广告作品在当时非常有名，这是相互借势，我们帮他宣传，他也帮我们背书，而且他说的是一个事实，对吧？

你说看到了很多做创意十年、二十几年的广告人，给你正面点评，你得上证据，不然谁信呢？

其实这个"平凡信仰"是位男士，我们故意写成"她"，为什么呢？这样写，让人感觉我们和他不认识，让点评更客观、可信。改性别还有一个出发点，就是不给他造成困扰。

我把这个当成一种向好而生的勉励，用在《文案之神尼尔·法兰奇》第二、三次印刷的改进中。第一，根据朋友们的反馈和建议，全力雕琢文本，内容更精准、精彩。第二，去掉灰色底纹，纸张改用光滑的丹丽上质纸，双封面过油、书名用起凸加UV工艺、分册塑封，工艺更精致、撩人。

我们再次出发，但愿能抵达你的满意。全书详情如下。（后面紧接第一版卖货文案全文）

水滴石团队揭秘： "当成鼓励"是管理用户预期，因为你不确定第二次、第三次印刷是否能改成大家完全满意的样子，给自己留一点空间，话不说满。

卖货文案一定不能顶格写，要留有余地，要代入消费者视角，假设他会质疑你，你要先往后退一步。

当你发现情况有变，一定不要死守。

每半年我们会再发一次这篇文章，销量还是非常好。所以，这篇文章从2017年上线，连续用了6年。后面我们发现正版的买点大家都知道了，就换成其他标题，如《强烈推荐一本传奇书》等。

这时候，定期更新标题，开头发布热销状态、复盘文章即可，这里不再赘述。我们曾经出过一个付费文档《分步骤详解：如何写一篇转化超 12 万元的销售长文案？》，就是复盘这本书卖货的来龙去脉。

《文案之神尼尔·法兰奇》第一版发行两年后，我们摸清了所有可改善的缺点，随即启动文案卖货"找三能"，根据消费者的需求重新去做，放大优点，改善不足，成就了 2021 年第二版（改名为《文案之神》）如世界名著般考究的精装新版。

到这里，我们就以《文案之神尼尔·法兰奇》为例，完整地讲了一遍文案卖货"吸简催"和文案卖货"找三能"两种常见的卖货方法。

第三章　重点

用好这 10 点，更快更好上手卖货文案

为了让大家后期运用更自如，我们在本章中将功课、逻辑、标题、开头、证据、作者、问答、检验、知识、技术 10 个重点单独拿出来，给大家详细介绍一下。

好的文案卖货，
从战略的选择就开始卖了。

而不是等到
品类和产品成定局，
再做文字上的扬长避短。

重点 1

功课：3 角、4P、9 状侦探式摸底

那些卖货的文案都是哪里来的呢?

绝非灵感刹那涌现的精准捕捉,而是源自有意识的前期功课。不夸张地说,功课做得好,文案卖货就已经成功了一半。

做好文案卖货的功课,就 6 个字:3 角、4P、9 状。

第一,3 角

所谓 3 角,就是我们做任何营销策划,首先会去看的**市场诊断 3 角——对手、用户、自己**。

比如,有一个企业打算卖水。摸底 3 角,第一个要看的就是市场上的主流对手,都是怎么卖水的。

回想生活中你买过的水,到任何电商平台搜一搜,你大致会看到,这些品牌,在这样卖水——

农夫山泉:天然水(健康、天然)

百岁山：天然矿泉水（水中贵族）

恒大冰泉：天然深层矿泉水（源自地下 1600 米）

昆仑山：雪山矿泉水（来自海拔 6000 米，昆仑山玉珠峰世界黄金水源带）

巴黎水：法国天然有气矿泉水

圣培露：意大利充气矿泉水

依云：天然矿泉水（高端，源自阿尔卑斯山深处）

怡宝：纯净水（中国国家队官方饮用水，中国瓶装水健康标准发起与起草单位之一）

娃哈哈：纯净水（二十余年如一日，质量经得起考验）

康师傅：包装饮用水（选安心 选健康）

今麦郎凉白开：熟水（健康熟水）

冰露：包装饮用水（可口可乐出品，奥林匹克全球合作伙伴）

爱夸：天然矿泉水（统一出品，简约设计）

5100：西藏冰川矿泉水（来自西藏海拔 5100 米天然冰川自涌活泉）

润田：纯净水（畅销江西省，网上只有高端产品润

田翠销售）

长白甘泉：长白山矿泉水（早晨第一杯水，雅客出品）

基本上，你卖水，品类就从天然水、纯净水、矿泉水三大类中选一个，要不然就"杂交"，做包装饮用水（可能是纯净水，也可能是矿泉水）、天然矿泉水、天然有气矿泉水。

品类的选择是战略的选择，这种选择事关方向，选得越好未来就越有希望。你有抢夺、归类、创新三种选择。

采取抢夺战略的品牌一般比较少，一般而言是找个不同的路抢，像农夫山泉当年从天然水细分领域去抢娃哈哈、乐百氏两大纯净水霸主的位置；冰露就属于选做包装饮用水，凭着可口可乐的牌子，卖得也便宜，赚点钱。

其他的大部分品牌，大多数都是找一个更细分的角度，去分化已有的品类。从水源去分化，如西藏冰川矿泉水 5100、雪山矿泉水昆仑山、天然深层矿泉水恒大冰泉；从口味去分化，如天然有气矿泉水巴黎水、意大利充气矿泉水圣培露；从饮用场景去分化，如早晨第一杯水雅客长白甘泉；从价格去分化，如水中贵族百岁山；从设计去分化，如爱夸；从地域去分化，如江西省有名的润田。

相比分化已有品类，还有一种方法是，不占所有品类，干脆开创一个新品类。如今麦郎想到了做熟水，把天然水、纯净水、矿泉水、包装水都划为生水，自己开创一个新品类，开始一人成王。康师傅喝开水等顺势就跟上了。

看完对手之后，再看用户的需求和自身的长处。

假如是你，你会怎么卖水？

椰树集团就找到了一个新需求——长寿，专门依托海南一个长寿之乡，做了一款叫国宝椰树长寿泉的天然矿泉水。

当健康已经成为所有饮用水品牌的一个基础标配时，椰树集团竟然将健康向长寿这个具体的利益点再推进了一步，就这样把差异化给做出来了。

其实，3角这一步，就是摸底品牌的战略定位，能给到消费者怎样独特的价值，让人选你而不选你的对手。

所以，我们一直说，好的文案卖货，从战略的选择就开始卖了，而不是等到品类和产品成定局，再做文字上的扬长避短。

第二，4P

接下来，我们就要好好卧底一下，对手是怎么通过产品、渠道、价格和推广上的差异，来卖货的。

比如说**产品**。农夫山泉的红白绿、百岁山的小圆筒、爱夸的简约都极具辨识度。为了跟对手保持差异，不同品牌在容量上会有刻意的不同，瓶装饮用水的常见规格是 500ml 左右。但，农夫山泉是 550ml，百岁山是 570ml，怡宝是 555ml，娃哈哈是 596ml。

比如说**渠道**。我们经常在动车上看到的是 5100，润田主要在江西，迎驾山泉主要在安徽。

比如说**价格**。依云就远比一般的矿泉水贵。

比如说**推广**。推广是后文重点要讲的，先按下不表。

4P 是消费者在购买时，最能感受到的品牌差异所在，也就是我们常说的独特价值。

我们再看椰树集团怎么设计自己的 4P。

产品：出了 268ml、320ml、328ml、342ml、360ml、500ml、540ml、542ml、1.5L、5L、10L 等不同规格，还专门设计了火箭瓶和女性瓶。

渠道：以海南为大本营，跟着椰树椰汁的路线打市场，另外网上也能买到。（像润田，网上只能买到它的高端产品润田翠。）

价格：网上 500ml 装 24 瓶卖 39.9 元，比 550ml 装 24 瓶装的农夫山泉贵 6 元。

推广：见后文。

一个好的产品，一定在 4P 就能找到诸多与竞争对手与众不同，又满足消费者需求的独特价值。

我们走市场，很大部分就在观察买卖过程中的 4P。

第三，9 状

所有的功课，最后都要落到文案，不然就无法表达给消费者看。消费者不知道我们的产品有什么独特点，那么也就等于没有。

前期做功课，我们会发现无数的差异化亮点。那怎么做取舍？哪些是重点信息呢？

经过我们的验证，用下面的 9 状工具来做筛选特别合适。

我们还是以椰树矿泉水为例，看看它的 9 状，有什么不一样——

成为第一

国宝椰树长寿泉

拥有特性

火山岩矿泉水

长寿

领导地位

国宴饮料

经国土资源部地下矿泉水及环境监测中心检测证实

31 年来接待过 100 多位国家总统

椰树火箭矿泉水

庆祝海南航天城火箭发射成功

经典

产自世界长寿之乡海南岛澄迈

市场专长

海南为主

专做长寿泉

最受青睐

想长寿的人

日常饮用、会议接待、泡茶、煮饭、煲汤……都很合适

新一代产品

非湖水、雪水、纯净水、白开水

制作方法

每一滴都是溶滤了 19000 年

热销

无

发现没有？基本上这 9 状一筛选，一个产品能通过文案表达出来的好卖货的点，就全部有了。

如果你有机会看到椰树集团推出的矿泉水的公交广告，你会看到，它们车身，主要传递的就是以下卖货文案——

国宝椰树长寿泉

取自火山地下深层超万年优质天然矿泉水

非湖水、雪水、纯净水、白开水

产自世界长寿之乡海南岛澄迈

厂址位于海南马鞍岭火山口地区

经国土资源部地下矿泉水及环境监测中心检测证实

水龄超万年

海南水好人长寿

椰树火箭瓶

庆祝海南航天城火箭发射成功

而在其他的包装，或者电商详情页上，它还会视情况，打出以下卖货文案——

椰树火山岩矿泉水

国宴饮料

31 年来接待过 100 多位国家总统

日常饮用、会议接待、泡茶、煮饭、煲汤……都很合适

泉水在火山深层溶滤了 19000 多年

每一滴都是溶滤了 19000 多年

你看，一个竞争如此激烈的水品类，通过 3 角、4P、9 状，椰树集团硬是卖出了一片新天地。

经过 10 年的验证，**某种程度来说，3 角、4P、9 状，这 6 个字，就是我们做营销咨询时，从战略到落地，具象到文案上的最实在的工具。**

不同之处在于，面对不同的客户，你要花的工夫

不一样，有的光凭经验就能推演出个大概，而有的要到市场上去跑一跑、看一看，心里才更有底。

另外，你要在媒体、人员等具体执行上，既灵活多变，又坚持原则。

> 任何初创品牌，
> 宁愿争议四起，
> 也不要寂寂无名。

重点 2

逻辑：从吸引到下单，层层设计

文案卖货"吸简催"，是文案卖货的销售逻辑。在写卖货文案时，还必须解决信息逻辑，也就是怎么恰到好处地呈现信息层级，让消费者能秒懂，更乐意掏钱买单。

至关重要的有三点：

第一，策略通人性

文案只是卖货的工具，如果不用文案，就能卖掉货，比如看到某明星代言的产品，他的粉丝就会自发自觉地购买，那么我们甚至就不该多此一举动用文案。

卖货文案向来是从人出发，最后回到人，才能实现转化。

因此，**我们选择沟通的策略点，一定要通人性。这里的人性，对消费者来说是简单易懂，对企业来说是低成本大效果，对对手来说是难以模仿。**

以椰树集团的矿泉水为例，它的策略可以是海南特色、长寿、深层火山岩水源、富含微量元素等，从 3 角关系去分析，最符合人性的是长寿。

长寿是消费者最想要的好处，长寿是市场空间最大的所在，长寿是对手还没打的特性，长寿是椰树集团能支撑的利益点。

人性的策略，得手段灵活。

有一家做促销工具的企业，叫骆驼码，想快速让实体企业知道自己。

怎么办呢？

叶茂中给支了一招。趁成都春季糖酒会期间，每天从早到晚，请人举着接人的牌子，去成都高铁、机场等交通要塞接叶茂中，接人的牌子上写着"骆驼码欢迎叶茂中老师"。

因为参加成都春季糖酒会的企业，很多都知道叶茂中，都以为叶茂中去了糖酒会，传来传去就成了热门事件，企业就此达到了宣传的目的。

你看这个策略，高级吗？

跟刷墙一样质朴，但它赢在通人性，企业省钱，还能精准触达目标受众。叶茂中既成全了骆驼码，还宣传了自己。

第二，媒体格式化

策略选定后，就要考虑通过什么媒体把卖货的文案，最低成本和最快速度传递给目标消费者。

毕竟所有的卖货文案都是媒体格式化的结果。杂志上的文案可以是千字文，户外大广告牌的文案以 7 字左右为宜，电视广告以 50 字左右为好，短视频在前 3 秒就要抓人眼球……

没有投放在紧跟消费者生活轨迹的媒体，再好的卖货文案，也是一场精心的浪费。

就像上面的骆驼码，它的策略是每天去成都的交通要塞接叶茂中、欢迎叶茂中，那么它的媒体最好就是我们常见的条幅、KT 板。

试问，这能花多少钱？

当然，为了增加效果，骆驼码还专门定制了叶茂中联名款的广告小背包，到企业负责人容易出现的人流中心派发。

这时候，背包就成了一个特殊的媒体。

记住，**媒体的选择，直接决定了卖货文案的长度、浓度和形式。**

第三，表现走极端

媒体选定后，要效果达到极致，最好就是表现形式走极端。

这里的走极端，分两个点来看：一方面是信息的浓度要剑走偏锋，推到不能再向前推的极端。

比如，在内外（内衣品牌）2023年"三八妇女节"的宣传片《身体十问》中，尽管很多议题，未必现实有这么严重，但，恰恰是文案和画面的表现形式，走了一个极端，强度足够，才能瞬间点燃大众情绪，制造更大的传播效果。

再比如，曾被立案调查的五个女博士，表现上都是这个走极端的逻辑。如果品牌不被封杀，对于一个初创品牌来说，这一波走极端的广告，是非常有好处的。

对于任何初创品牌，宁愿争议四起，也不要寂寂无名。

另一方面是信息的一致。

这里的一致，一是时间上的，核心信息能十年如一日不变最好，像当初的脑白金和王老吉。二是空间上的，要在不同的媒体上重复相同的信息，战略、战术的不同环节也要确保信息不会自相矛盾，而是彼此承接。

事实、行动、反问，
某种程度是藏在标题里的，
最强购买理由和
最大信任状。

重点 3

标题：最强购买理由，最大信任状

标题最重要的作用就是吸引关注。而吸引关注，我们前文讲过，主要靠做新、做尖、做思。

为什么还要把标题单独拿出来写呢？

因为比吸引关注更重要的是，用让人想买的信息去吸引关注。写多了，你就发现，能卖货的文案标题，主要有三种：

第一，事实

当你找到了产品的一个巨大事实，消费者关注的巨大事实，你不需要什么技巧，直白地把这个事实写进标题，消费者就会来。

很多绝版书，读者到处找也找不到，这时候如果出了新版，你只要告诉大家，这本书终于能买到正版了，就会很卖货。

地下畅销 13 年后，终于能买到正版的《文案之神尼尔·法兰奇》是这样，绝版10年再版的《文案之道》也是这样。

这也是为什么，王老吉的一句"王老吉还有盒装"就很卖货，因为这是一个此前从未有过的震撼事实。

说得更直白一点，这个让消费者不容忽视的事实，其实就是最强购买理由。下次你先别着急写，先去找到一个能锁定消费者的事实再下笔。

第二，行动

第二种是不由分说，直接劝人行动。

你可能觉得没头没脑上来就让人行动，怎么可能呢？

大部分消费者，都有选择恐惧症，你要是能帮他们简化选择，很多时候就会被首选。

我们曾经给一本很精致的杂志写过卖货文案，比较遗憾的是，它的内容并不符合这个干货横行霸道的时代的需求。

做功课的时候，我们意识到它有个非常重要的作用是陪伴行业从业者成长，并且，这样的人有至少一代人。

于是，我们非常直接地打感情牌，给了一个号召行动的标题——

买下广告业的 12 年

当然，劝人行动的标题，后面一定要给出合理的解释，为什么这个产品值得消费者毫不犹豫地买买买。

劝人行动的卖货文案标题，还常见于关联某个消费场景、某种症状、某种品类的特定品牌。比如，"喝了娃哈哈，吃饭就是香""胃痛胃酸胃胀，管用斯达舒""买变频选美的"就是这样的。

第三，反问

前面两种，都是从正面切入写标题，还有一种很有效，但用得比较少的是反问。

具体操作就是，你把某个消费者一定特别关注的问题，跟产品联系起来。

我们之前为一套横跨 30 年的广告人职业生涯丛书写过卖货文案，标题是：影响三代广告人的小强是谁？

显然，对于任何购买这套书的人，首先就会很困惑：怎么你们说得这么牛，影响了三代广告人的大前辈，我从来没听说过呢？

不要回避消费者的疑虑，先坦白交代，解惑的过程更容易种草，触发销售。

再说几个你熟悉的例子——

> 买车你怕价格吃亏吗？
>
> 洗了一辈子头发，你洗过头皮吗？
>
> 旅游之前，为什么要先上马蜂窝？

这些反问一出，消费者一定会跟着走，因为这几个问题，都问到了心坎里。

事实、行动、反问，某种程度，是藏在标题里的最强购买理由和最大信任状。

好的卖货文案，
开头一定要简短直接，
重点突出诱惑大。

重点 4

开头：简短直接，重点突出诱惑大

如果说标题决定了一半的人会不会来看你的文案，那么开头又决定了留下的一半人中哪些人愿意接着往下看。

从目的来说，常见的开头有三种：

第一，牵引

开头一出来，消费者就要被你牵引，心里大呼为什么会这样，想知道到底发生了什么。

来看这些卖货文案的开头——

多年鼓吹汽车的优点之后，汽车公司应该要直面其缺点了。（日产）

对大多数人来说，钻到车子底下往往意味着事业的终结。（大众）

谨献给我唯一爱过的女人。（M&W）

命运没有善待约克郡的女人们。（特利士苦啤）

银行的规模和盈利，并不是一开始就像现在这样庞大的。（Flex 账户）

如果排名第二的租车公司说，它们比别人更努力，那我们绝不会与它争辩，我们相信它说的话。（赫兹）

从未有人抽完一整根香烟。（健康教育办公室）

汽车广告自曝缺点？钻到车子底下怎么会终结事业？他唯一爱过的女人是怎样的？约克郡的女人们遭遇了什么？银行是怎么壮大的？赫兹居然承认第二名说的是对的，怎么回事呢？到处都有人抽了一根又一根烟，怎么会说从未有人抽完一整根呢？

好的开头，就像一个被诱饵包裹的钩子，让消费者情不自禁去追逐，最后跟着品牌的要求去下单。

第二，规则

当消费者决定看你的卖货文案的时候，其实就证明，他已经接受了你要做商业活动。

这个时候，不妨就直接一点。

开门见山说目的，制定交易规则，非常高效实用。

不喜欢的会离开，喜欢的自然就会留下。比如，《文案之神尼尔·法兰奇》的卖货文案，一开头就告知消费者我们要卖书，并和消费者约定价格、发货等重要的交易规则——

卖货文案 1[○]：是的，《Neil French》终于出正版了，改名叫《文案之神尼尔·法兰奇》。我要将这本打开我文案力的传奇书，告诉每一个想提升文案的朋友。

卖货文案 2：请你思考一个问题：222 元能买到什么？请仔细阅读本文，以确保以最低的价格拿到最多的回报。朋友圈预售试销破 1000 套，首印只剩 1000 多套，现货先买先发，10 点半前下单的，今天发货。

别看这两段话没什么稀奇的，它的好处就是直来直去，节约彼此的时间。好的卖货文案，开头一定要简短直接，重点突出诱惑大。

第三，更新

卖货文案发布之后，消费者买了产品，会给你一些试用反馈，好的差的都一定会有，只要它不是完美

○　凡引用的卖货文案，是原文中摘录的片段拼凑，会在前面标注卖货文案字样。原文多段按顺序全部引用，则前面不标注卖货文案字样。

的产品。

凡是你判断，新的变化，对卖货特别有帮助的信息，一定要第一时间，在第二次发布的开头就跟消费者互通有无。

更新信息的开头，既反映市场情况，又像新闻，让人不知不觉，就进入你划的重点，以及你埋伏的诱惑点。

比如，《文案之神尼尔·法兰奇》卖到第 3 年，开头就改了一次，以汇报的名义，将消费者关心的销量、品质、购买渠道、适用人群、红包福利等信息先放上来。

甚至，我们以坦诚而合理的方式，求助读者转发给他们的朋友——

2017 年 7 月上市至今，《文案之神尼尔·法兰奇》两度卖断货，销售额破百万元，第三印即将断货。这是你能收藏到的最好的、也是唯一的正版。没有上亚马逊、当当和京东，大多数人并不知道这本书出了正版，你身边若有朋友在找这套书，请帮忙转给他们，感谢。

一本文案传奇书，适用于广告人、新媒体人、广告专业大学生及想要创建个人品牌的朋友日常文案打磨，特地推荐给你。喜欢的朋友请详阅长文，及早入手受益多，前 50 名下单可以私信我下单截图领取 10 元现金红包。

别看这样的信息没有什么文学含金量，但对于想买书的人来说，它既实用又有诱惑力，给人购买信心。

卖货文案开头，就是这么简单，你学会了吗？

好的证据，
都是精心设计出来的。

围绕产品设计证据，
证据设计到购买全程，
全程证据要可验证。

重点 5

证据：既要可信，又要随时可验证

卖货的根基，就两个字：信任。

消费者只要信任你，卖什么就已经不重要。因为他信你，你卖什么，他都会买。

合情合理的证据，是取得哪怕是第一次接触你的消费者信任的保障。

好的证据，都是精心设计出来的，要点有三：

第一，产品

一手交钱一手交货，产品本身的证据，是获取消费者信任的底线。

一般来说，产品证据分两种：直接在产品上的和附加在产品上的。

前者如椰树椰汁的鲜榨，后者如椰树椰汁的正宗。

客单价越低的产品，直接在产品上的证据越多，就越能卖出去。

比如，养乐多金装，它的证据是——

500 亿活性乳酸菌

高膳食纤维

高维生素 E

高维生素 D

高钙

低糖

像这些证据，全都是在产品里能找到成分，支撑这些说法。

客单价越高，就越需要增加，附加在产品上的证据。

比如，豪宅、豪车、名表、名包等高客单价产品，通常会提供：身份、地位、代言人等原本不属于产品的证据。

从 9 状找证据的方法来看，直接在产品上的证据有——拥有特性、新一代产品、制作方法，通过外力附加在产品上的证据有——成为第一、领导地位、经典、市场专长、最受青睐、热销。

第二，全程

现在媒体太碎，统一认知太难，要多在环节上设计证据。

也就是从售前、购买、使用三个环节，去设计证据，进一步取信于消费者。

比如，售前的产品试用，周边人群口碑塑造，广告、销售近场的促销氛围运营。像海底捞的美甲、线上排队过号再延迟3桌、黑海会员插队特权，都是它服务好的证据。

比如，购买时商家常做的分期付款、导购、帮忙带小孩、给陪逛的老公准备专座、异地机场购买免费帮你邮寄，都是购买时品牌取信于消费者的证据。

比如，使用后出现故障有后续保障：奔驰的三年150公里免费拖车服务，苹果电脑的返厂检修，方太的上门安装、维修和清洗服务，都是使用后验证品牌信誉的证据。

是的，**最好的证据，就是在购前、购中、购后三个主要环节，不断打消消费者付款的后顾之忧。**

第三，验证

当然，不是你说了，消费者就会信，因为有很多商家是真的割韭菜式经商。像各种奶茶快招，骗到钱就跑路了。因此，证据的可验证性就非常重要。

也就是说，**你说的证据，最好让消费者很容易就从身边人，或第三方平台去查证，你到底说没说实话。**

沃隆坚果说自己是"三好"坚果，个头大、天然香、真干脆。这三个证据，只要买来跟洽洽、三只松鼠等竞品，往桌上摊开一对比，你一下就知道它所说的大、香、脆是真是假。

卖书的都关心豆瓣评分，做餐饮的都关心大众点评评分，外卖商家都关心饿了么、美团等外卖平台的评分……就是为了让消费者验证的时候，看到高分证据，坚定下单的信心。

总之，围绕产品设计证据，证据设计到购买全程中，全程证据要可验证。

文案作者、
产品研发专家、
代言人，
是很有效的三种卖货文案作者。

重点 6

作者：最有说服力的成功案例示范

文案卖货，如果能用好作者身份，很容易加速卖货。

我们分三点来说。

第一，强化信任

我们都知道，一个你没买过的产品，看到身边有熟人用，有人说它的好话，你掏钱购买就会爽快很多。

同样地，当卖货文案的读者知道，写这个文案的人，居然用过这个产品，试用评价也极高的时候，他们下单就会更果决。这里读者熟悉的作者，就是身边的熟人，而触发消费者更敢消费的原因是口碑好。

换句话说，卖货文案中适度地亮明作者的身份，非常有利于卖货。

这时候，读者对作者的信任，就会转移到产品上。特别是当作者在读者的心里是做事靠谱的印象时，卖货效果会更好。

仔细看《文案之神尼尔·法兰奇》的卖货文案，作者水滴石团队从开始到结束，隔三岔五就跳出来给这本书背书。

比如这样的——

卖货文案 1：我要将这本打开我文案力的传奇书，告诉每一个想提升文案的朋友。

卖货文案 2：我入行的时候，遇到的指导，也受到了尼尔·法兰奇的影响。正是他的博客，让我找到了通往尼尔·法兰奇 40 年传奇广告生涯经典作品集的钥匙——尼尔·法兰奇的个人网站。

卖货文案 3：我想起第一次看尼尔·法兰奇给皇家·芝华士写的广告，用超自信、略带蔑视的语气，说你买不起，反而引起你的注意，一度让皇家·芝华士抢到了品类第一的位置。

本质上，作者是读者熟知的、最近的，使用产品而取得成功的案例。

这种**身边人的影响，是消费者最不会防备的最强购**

买拉力。

第二，作者是谁

作者其实不单指写卖货文案的作者，通常还包括产品研发专家和表演说出卖货文案的代言人。

文案作者、产品研发专家和代言人，是很有效的三种卖货文案作者。

回想一下，你是不是看到过类似的卖货文案——

你知道吗

60% 的国人有过牙敏感

敏感反复发生

会伴随不可逆的牙损伤

我推荐舒适达专业修复牙膏

突破性 NovaMin 成分

源自骨再生科技

深入牙齿受损部位

从根源修复敏感牙齿

胡恒生

葛兰素史克中国研发负责人

舒适达牙膏，就直接请的是公司的研发负责人来卖货。

卖货文案作者、产品研发专家和代言人之所以能加速卖货，很重要的原因是他们对人群的影响力，以及消费者更愿意相信，他们对产品有过测评。特别是前两者，只有被产品感动过，才可能说得可信。

第三，注意事项

使用作者身份加速卖货，一定要注意几件事：

一是不要滥用。要在适合的时候，偶尔使用，这样可信度才高。不会给人感觉，你就是一个卖货的工具人而已。

二是体验试用。在以作者身份做背书前，一定要自己用过，确实打内心觉得值得推荐给大家。不然，用一次，消费者感到上当受骗，就不会再有下次。

三是客观描述。作者身份本身就有很强的暗示，这时候你不需要再大喊大叫，以相对克制和客观的方式去卖货，效果反而会更好。

你学会了吗？

要事必答，答得务必清楚；
主动风控，别怕用户流失。

重点 7

问答：重要又无法写入正文的卖货规则补充

在写卖货文案之前，我们会做大量功课，筛选出可能卖货的所有素材。

等到写完，总有些很亮眼的素材可能没用上，这时候问答就能发挥作用。

第一，查漏

问答的逻辑相对自由，能很好衔接各种精心设计过的卖货文案，而毫不违和。

如果卖货文案的正文，有一些要点没写，就可以放在问答中，单独查漏补缺。

对于快递、使用方法、售后、批发或团购政策、发票、额外福利等，问答都是很好的方式。

在产品刚上市的时候，你可以将这些信息放在卖货文案的最后，辅助卖货，以备消费者的不时之需。等到产品上市一段时间后，消费者相对熟悉产品的一些细节了，问答部分也可以撤掉。

问答信息的增减撤换要随机应变，开始的时候别少，到后来别多。

第二，强化

问答天然是聊天，很容易唤起导购帮忙答疑解惑的情景。

如果在卖货的过程中，有些重要的点你在文案里没有说透，或者你觉得说一遍不够，或者有的问题没有涉及，都可以设计相应的问答，简单直白地交代清楚。

问答的强化，其实也是在为卖货划重点，减轻消费者的选择负担。

有一点要特别记住，如果你写的时候，感觉到某个点是阻碍下单的问题，你一定要先于消费者提出来，给出合理解释。

因为你有困惑的地方，消费者通常也会有。

如果你忽视消费者关注的问题，他们就会忽视你的产品。

消费者会选你，是因为他们相信你会选。

第三，风控

写卖货文案的时候，我们心中只有一个信念：想尽办法让消费者买东西。

这样很容易就顶格写作，无意识造成过度承诺，拉高消费者的预期。

若不及时进行风险管控，很可能带来大量的售后问题。

问答对文案卖货的风控，同样是一个相对合适的形式。

既直接又不会过于严肃，还能兼容不同目的和类型的内容。

一方面，卖货文案正文，可能因预期拉太高，导致收货后的过山车式失望，务必要自己先提出来，提醒消费者他拿到的产品是什么样子的，不具备什么东西，如果他介意就不要下单。

比如，我们在《用好定位》读本的卖货文案中，会第一时间说明该读本主打精华提炼、字数少，价格不便宜，如果你就是喜欢买几十元十几万字的书，才觉得划算，就不要买。

另一方面，对于可能造成的误解和争吵，提前进行界定和说明。如果消费者在意，他就不会买。

这种免责风控，非常必要，不要怕提出来会吓跑消费者。

你要换个角度想，**如果一个不合适的消费者，因为卖货文案而来，并且产生了不应有的期待。长远来说，这对你是一种巨大的消耗，因为你可能得花大把时间，去处理你们之间的矛盾。**

要事必答，答得务必清楚；主动风控，别怕用户流失。

朗读，加速信息传递；
删减，增强传播兵力；
通俗，打掉沟通门槛。

重点 8

检验：读一遍让传播顺，测一遍让卖货强

我们之前一直强调，卖货文案不是写出来的，而是根据你对产品和消费者的了解，步步为营测出来的。

写完卖货文案，下一步就是检验。站在消费者的立场上，去检验你的卖货文案，有哪些需要修改。

第一，朗读

卖货文案不论长短，从沟通效率上来说，口语是最高的。

不管你的卖货文案发布在户外、报纸、杂志、广播、网络、电视、电梯等哪种媒体上，要让消费者以最快的速度懂你所说，一定要用口语沟通。

怎么确保用口语沟通呢?

朗读几遍。

拿起你写的卖货文案，大声朗读，这样有助于你对细节的把握——有逻辑、可信。

朗读的过程中，如果磕磕巴巴，说明逻辑没有理顺；如果觉得很空洞，说明你并没有写出细节；如果自己都觉得写得不可信，那一定要改掉。

经过朗读检验的卖货文案，消费者往往读起来特别顺畅，就像上了高速，让人欲罢不能。如果他需要这个产品，往往会更快下定购买决心。

第二，删减

想尽一切办法，看有没有可能再删减。

卖货文案的字数越少，效果越好。当然，前提是确保信息沟通清楚。

我们曾经写过一篇卖货文案，产品方方面面的优势都写了，洋洋洒洒 5700 多字，配了 200 多张图。不夸张地说，这个产品该有的任何值得一卖的点，全部写进去了。

恰恰是这样周详的卖货文案，最后效果并不好。因为过多的信息，导致阅读负担太重，很多消费者还没看到购买链接，就已经被劝退了。

卖货文案不是越长越好，而是字越少越好。**字越少，传播资源和强度越集中**。好比 1000 万元的广告投放费，传播 3 个字，字数减少为传播 1 个字，它的浓度瞬间就增强 3 倍。1000 万元传播 1 个字，就相当于3000 万元传播 3 个字的效果。

很多人会有创作不舍的情结：我好不容易写出来的卖货文案，删了可惜啊。一定要记住，我们不是拿客户的钱，来搞创作的，我们是来帮客户搞生意的。如果删减卖货文案，对客户的生意更有帮助，我们就要毫不犹豫地删删删。

你只要问自己一句，这句话删了会不会影响卖货？不会就删，会就不删。

第三，通俗

试想，消费者连你写的是什么都不知道，可能会买你的东西吗？就像我们经常说的，公鸡不理黄金。

尽可能使用小学语文常用 3000 字写卖货文案。这样一定能保证，你的卖货文案，上来就是上亿级的中国人都能看懂的。

通俗的一个隐形技巧是，调用目标消费人群的惯用语和常用词。比如，跟 4A 出来的人沟通，最好是中英文混杂的 4A 腔；跟科学家人群沟通，最好逻辑严谨，用词学术；跟小孩沟通，多用短句、叠词和语气词……

一定要保证，卖货文案的用词，对目标消费者来说，是零基础的。不用深想，不必查字典，看一眼就知道你想卖什么，为什么他一定要买，立马买他有什么额外好处。

一句话：朗读，加速信息传递；删减，增强传播兵力；通俗，打掉沟通门槛。

“

输出知识，
塑造形象。

”

重点 9

知识：哪怕不买，也别让消费者白走一趟

文案的目的是卖货，但相对立马下单的人，更多人第一次看到文案，并不会下单。

这时候，只要你的卖货文案，适当地加入知识，哪怕消费者这次没买，也会为下次买做好准备。

具体怎么做呢？

第一，塑造形象

文案卖货最好的状态是：不着急卖货，又时时刻刻引导着消费者买货。

今天的国人，可能比过往更推崇会搞钱等世俗成功，但当你要从他口袋里掏钱时，他们普遍还是希望你有点情怀，别搞得太商业。

学历越高的消费者，越在乎这点。

怎么办呢？

输出知识，**塑造形象**。

用知识塑造形象，把货卖出去，堪称模板的，就是董宇辉卖大米——

卖货文案1：我没有带你看过长白山皑皑的白雪；没有带你去感受过十月田间吹过的微风；没有带你看过沉甸甸的弯下腰，犹如智者一般的谷穗。我没有带你去见证过这一切。但是，亲爱的，我想让你品尝这样的大米。

卖货文案2：你后来吃过很多菜，但是那些菜都没有味道了。因为你每次吃菜的时候都得回答问题，都得迎来送往，都得小心翼翼。你不放松，你还是怀念回到家里头炒一盘土豆丝，炒一盘麻婆豆腐，炒一盘西红柿鸡蛋，那个饭吃得真让人舒服。

卖货文案3：我想把天空大海给你，把大江大河给你。没办法，好东西就是想分享于你。譬如朝露，譬如晚霞，譬如三月的风和六月的雨，譬如九月的天和十二月的雪，世间美好都想赠予你。你对我的好，就像这盛夏一样。

第一段他没有直接卖大米，他卖的是大米生长的环境。他给你描绘了长白山下、田间微风、弯腰的谷穗这样一幅水稻生长的画面，并且他把这些画面，跟爱情联系起来了。

第二段他也没有直接卖大米，他卖的是最舒服的食用大米的美好日常。

第三段他还是没有直接卖大米，他卖的是分享好大米给你的磅礴情感。

大米在哪儿买不是买？可在董宇辉这里，不仅价格实惠，还通过知识，让你对一袋大米产生了前所未有的美好体验。

这么美好的体验一出来，董宇辉的形象立刻就不一样了。他超越了所有卖大米的专家，他简直就是带着所有人，领略了一次诗和远方，奔赴了一场憧憬已久，却迟迟未能如愿的纯真爱情。

必须要承认，这种上升到精神共鸣、文学高度的知识卖货，是最难的。

大部分时候，我们要么是直接通过输出观点，让消费者感知到，你是这类产品的专家，听你的一定没错；要么就是直接化身为专家形象，让消费者一看，就

知道你是专家。回想高露洁、舒适达等产品的广告，是不是经常用公司首席研发科学家，或者医学博士做主角？

这些都是利用知识建立专家形象的绝好途径。

一旦消费者默认，你是比他懂，且不会骗他的专家，卖货就只是顺带手的事儿。

你会跟医生讨价还价吗？

第二，建立标准

对一个产品，卖家和买家都有发言权，这时候就看谁更懂行。

怎么证明谁更懂行呢？

看谁对这方面的知识懂得多。这时候，**最好的做法，就是通过知识，重新建立一种标准。用新的标准，替代消费者头脑中已有的标准。**

消费者一看你的选择标准显然更好，就会听你的。

比如，这样的卖货文案——

没有后驱，不算豪华（凯迪拉克）

好面，汤决定（汤达人）

真正的豪宅，必须在江边，而不是和江隔着一条马路，不解释（定江洋）

真茶真柠檬，够真才出涩（维他柠檬茶）

营养还是蒸的好（真功夫）

一好个头大，二好自然香，三好真干脆（沃隆三好坚果）

什么叫豪华车？什么叫好面？什么叫豪宅？什么叫柠檬茶？什么叫营养？什么叫三好坚果？立马给出一个不容置疑的新标准，并且这个标准，一定是你能马上验证，或者很快认同的。

上面都还是基于看得见、摸得着的物质上的知识，建立标准。更高明的是用知识，重构精神上的标准。

在这方面，耐克非常擅长。不过，我们想给你看的是小黄靴添柏岚写的一段文案——

哪有一双穿不坏的鞋啊
不管它看上去有多牢固

就像有个无话不说的人
某一天，突然就无话可说

或者有个人，想跟你一直走下去
后来她有事，先走一步

有个人跟你说了他的梦想
你信了，他醒了

唱哭你一整场青春的歌手
唱不出你新的故事
还他一张票吧，再无亏欠

追随了多年的背影
遮住了风雨，也挡住了风景
给他一个拥抱吧，无须留恋

可能所谓成长
就是有几段路
只能一个人走

走着走着，鞋就穿坏了

穿坏了，换一双新的

哪有穿不坏的鞋
只有踢不烂的你

上来就坦言，没有穿不坏的鞋，但是每一双鞋都在陪伴你成长，穿坏了就换一双，再继续走你的路，做踢不烂的你。

用强大的知识，将一双鞋，硬是写进了你的成长故事，而且还非常顺畅地劝你鞋坏了就不断在他家买新鞋。

配上画面以鞋子为主视角的运镜，非常动人。有兴趣的人，可以去找原视频看一看。

第三，帮助试用

通常，我们常见的试用是试用装、小包装、买一送一，或者非常便宜的试用价。

其实，不用拿到产品，在卖货文案中，靠知识讲解，也能够帮助消费者完成试用。

是的，你只要假设他拿到了产品，提醒他该怎么用就好。

比如，下面这样的——

喝前摇一摇（农夫果园）

饭后嚼一嚼（江中牌健胃消食片）

2粒雅客V9，补充每日所需9种维生素

更深一层的试用，就是用知识全方位教消费者使用。如果是在直播、公众号、电视专题片、电商详情页等，能够大篇幅详细介绍产品的场合，你可以把使用方法、使用量、使用场景、使用搭配物、使用注意事项等，都好好讲一讲。

另外，试用也跟产品的复杂程度有关。比如，房子、汽车、数码相机等高价产品，就值得掰开了、揉碎了帮助消费者试用和使用。

试用和使用讲得越好，越会给消费者一种，我已经拥有了这个产品的错觉。听了大量的好处之后，不买他们会感觉自己亏了。

消费者就是这么有意思。

好的卖货文案
从来就不是写出来的，
而是透视人性后的直白翻译。

重点 10

技术：文案卖货最不重要的事儿

我们在前文中讲了很多文案卖货的技术。尽管如此，我们想告诉你的是：文案卖货最不重要的就是文案技术。

技术不重要，什么重要呢？

第一，人性洞察

很多人一想到文案卖货，就想到坐下来苦思冥想撰写等场景。当你想到的是这些场景时，你对文案卖货的乐趣就没了，因为你想到的全是痛苦画面。

实际上，好的卖货文案从来就不是写出来的，而是透视人性后的直白翻译。

我们要熟悉所卖产品和它的消费者，而后再洞察人性，以锋利的策略逻辑翻译人性，卖货文案的技术，反而是最不重要的。

人性洞察到底洞察什么？

说穿了就四个字：多快好省。

第一是"多"。消费者的特点就是这样，希望同样的钱，买到的好东西更多。保健品助眠、养气、补钙；奢侈品穿出去有面子，戴出去很光彩。没见过的想见一见，渴望挣到更多钱，等等。

第二是"快"。消费者总是追求效率，"美团外卖送啥都快"帮你节省时间的产品就来了。

第三是"好"。消费者想要舒适的生活，有的品牌就说"给您一个五星级的家"；消费者想要质量可靠的产品，很多品牌的广告就会说"请认准某某品牌"；消费者想免于恐惧，有的品牌就说"怕上火喝王老吉""怕蔗糖喝简醇"；消费者想要社会认同、享受美食、拥有健康、找到好伴侣等，都是"好"的表现。

最后是"省"。说白了就是尽可能少花钱。直播最低价、折扣、优惠券，双 11、第二杯半价……所有这些都是基于人性来设计的。

当你找到了产品对应人性的切入点，卖货就已经成了一半，其余的只需按部就班。

第二，策略逻辑

同一个产品，卖货路径千千万，策略逻辑就是比较推演之下，选择最合适最有效的卖货方式。比如，卖一个产品给小孩，你是选择直接给他们看产品，像奥利奥，扭一扭、舔一舔、泡一泡做演示，还是像麦当劳，用诱人的食物和餐厅的欢乐去吸引他们，甚至直接价格减半，喊家长们带孩子去买？

不同的策略、不同的逻辑，就是不同的方向、不同的路径，它决定了你整个卖货文案的销售效果。

第三，文案技术

人性洞察、策略逻辑选定后，技术是最简单的，无非是用消费者喜欢的说话方式，用最少的字，最打动人的直白词汇，翻译出触发购买的人性。

电视剧《人生之路》，第 10 集第 20 分 40 秒，有一个桥段：刘巧珍帮高加林卖馍。

整个思路，就是我们前面讲到的，经典的文案卖货"吸简催"。

卖馍嘞
高家村的大白馍

大喊一嗓子，就吸引了众人的注意，让人围拢来。

高家村的大白馍

高家村一定在当地很有名，做的馍远近闻名，就像茅台镇的白酒。

今年的新麦磨的面

磨面用的是今年的新麦子，味道肯定更好，惹得大家都想吃这馒头。

大白馍

又喊了一嗓子，介绍馍的特点，又大又白，看一眼就知道她说的是真是假，消费者自己可以立马验货，这个细节用得好。

继续喊：

卖馍嘞

二两三的大白馍

开始在颜色、形状的基础上，介绍重量，二两三，很大一个、分量很足。最后再临门一脚，讲价格很实惠，同时赶紧催单。

一毛五一个

你看，这些技术复杂吗？

全是家常话。

高家村的大白馍，今年新麦磨的面粉，二两三，最后价格还不贵——吸引关注、简介产品、催促下单，文案卖货"吸简催"，一步不落。

好的卖货文案，消费者压根感觉不到文案写得好，他只是一口气看到了最后，毫不犹豫地下了单。

希望，这只是你写卖货文案的一个新开始，而不再陷入文案的炫技，扎扎实实去改变消费者的思想，影响消费者的行动。

最后，我们拿一句话来共勉：**文案是结构化的商业写作，每一句的目的都是卖货。**

第四章 疑难

攻克这 14 个最难场景，卖货再也难不倒你

卖货有很多场景，逻辑就这两个：不能改产品，就上文案卖货"吸简催"，放大优点，快速卖掉；可以改产品，就上文案卖货"找三能"，捕捉需求，重新设计。

具体到不同的产品，还有一些场景，是我们文案卖货，一定会碰到的疑难杂症。我们用自己卖过的产品，帮你总结出来了。攻克这14个最难场景，文案卖货就再也难不倒你。

疑难 1

怎么自产自销卖爆价格近 200 元的产品？

案例1:《文案之神尼尔·法兰奇》[⊖]

售价:160元/套

购买理由:豆瓣评分最高的传奇文案书

请参考前文第97~142页的逐字详解,此处不再
赘述。

凡读者留下的赞美，
都是有助卖货的信任状。

凡读者留下的批评，
都是要去解决的
问题和负面认知。

疑难 2

怎么像卖手机一样卖爆价格 2000 元左右的产品？

案例2：李欣频全集[⊖]

售价：1799 元 / 套

购买理由：豆瓣创意书评分最高纪录保持者

当时出版社找到我们，我们一看，一套书 23 本卖 2580 元，马上就跟联系我们的人说，不要寄书，我们不想卖，我们多年来卖过最贵的产品也就 200 多元。2000 多元一套书，我们绝对卖不出去。我们说你不要寄书，收了书不卖，还有占人便宜的压力。

没想到，出版社的小姑娘非常聪明，她说你们千万别有压力，哪怕不卖，我也不会有一句怨言。我们当时坚持认为，送书给我们，我们也一定不会卖。不想人家损失那么大，于是我们从这 23 本书里，选了《广告创作》和《创意教育》两套 16 本，这 16 本和广告人有关，我们自己也能用上。

没想到的是，一看到产品，我们就被打动了。就跟小伙伴说，这套书，闭着眼睛推，没有任何问题。卖不出也没关系，这么好品质的书，至少也能给我们的微信公众号背书。如果卖得出，就真是读者的福音。

《李欣频的人生学校》的制作是目前为止我们看到的李欣频所有版本的书里，最用心的，做得非常好。我们鼓起勇气，开始搜罗李欣频的相关资料。看了大量的资料后，我们发现了一个独特的卖点：她的《十四堂人生创意课》在豆瓣有 13000 多人评分，居然得到 8 分以上。这种成绩，不说广告书，就是把所有的书放在一起比，这本书的分值都是屈指可数的。这是一个没有对手的优势，我们赶紧提炼出来：豆瓣创意书评分最高纪录保持者。

当时我们就想，什么产品卖 2000 元左右，消费者会觉得合理？你卖给他，他非但不拒绝，还会感激你。我们快速"扫描"了一下，发现手机就是这样的产品。少则上千元，多则上万元，2000 元左右的手机也好卖。卖货策略很快就确定了——像卖手机那样卖书。

一对多地卖手机，有个重要场景是开发布会。于是，我们在朋友圈发布了团购预告，众筹了 200 多个感兴趣的读者，拉群做了一个线上发布会。发布会的整个过程，就是测试卖货文案的过程，在这个过程中，发生的所有有利于卖货的事，都是信任状。

一定要记住，凡读者留下的赞美，都是有助卖货的信任状。凡读者留下的批评，都是我们要去解决的问题和负面认知。我们在卖这个产品的时候，还发现一个卖货文案新技巧，就是向消费者展示官方授权的特约经销认证。它的作用，和我们在实体店常看到的特约经销商证书，是一样的，能更快促成消费者信任我们，加速卖货。

产品策划阶段，

就要基于卖货，

把 4P 全部倒推想清楚。

疑难 3

怎么重做绝版产品并利用时事和稀缺卖爆?

案例3：小丰文案辞典^㊀

售价：192元/套

购买理由：16年来，无数文案在找的绝版书

小丰文案辞典当时面临的问题是什么呢？第一，2004年的产品，面临过时的风险。第二，原有的产品非常薄，如果照旧做一本大众版，根本没有自媒体账号愿意卖。要重新做起来，一定要把产品规划成所有自媒体账号都愿意卖。价格定到256元，得做成4本。如果要自媒体账号乐意帮忙卖，在产品策划阶段，就要基于卖货，把4P全部倒推想清楚。

"16年来，无数文案在找的绝版书"，这是定位里面热销的另一种写法，一下就把这个产品的稀缺感凸显出来了。最开始，我们是用"USP理论"写，叫"绝版文案书，16年后新增再版"。这就是从自己的产品出发，有自卖自夸之嫌。

当时我们出了三个备选标题，找朋友讨论，聊着聊着，我们说：是不是能用"16年来，无数文案在找的绝版书"？再变成"豆瓣8.0，16年来，无数文案在找的

绝版书"，澎湃感一下就出来了。

当时为了让读者一下感知到，小丰文案辞典中的原则，在今天还是很好用，我们特地采用了一招：利用时事。把书中的原则，一条一条，对应到当年大热的《后浪》《乘风破浪的姐姐》等多种文案创作场景中，让消费者自行得出结论，并期待从产品中获得更多。

卖货文案
要写得有细节，
可信、可推敲，

前期花时间挖宝藏
是必不可少的功课。

疑难 4

怎么利用别人的名气做新产品卖给更多年轻人？

案例 4：叶茂中后援会[⊖]

售价：99~365 元 / 年

购买理由：吃透叶茂中，服务收费涨上去

当时我们要做叶茂中后援会，核心就是把叶茂中的名气，转嫁到后援会上，这样才能更好地把产品卖出去。这个产品的人群非常精准，我们就是打乙方人群，喊出"服务收费涨上去"这个最强购买理由就够了。同样做营销策划，大部分乙方是求着甲方拿业务，还收不上高价，而叶茂中不仅收费高，还必须先付全款，再干活。

喊出最强购买理由，把产品价值设计得一年超过365 元即可。

这次的卖货文案，我们第一次，把某与某是叶茂中门派小弟，把叶茂中上百个金句等强有力的信任状，全部梳理了出来。之前我们去叶茂中的公司，那时候老叶还在世，他们公司的人说，我们把叶茂中研究得比他们内部人还清楚。这一点不假，卖货文案要写得有细节，可信、可推敲，前期花时间挖宝藏是必不可少的功课。

⊖ 关注微信公众号"广告常识"，回复"4"，即可获取卖货文案全文。

文案卖货方法，

不是卖货的理论，

而是从 0 到 1 创业的理论。

疑难 5

怎么做售后服务多卖 3 倍价格？

案例5: 定位全集[⊖]

售价: 899~5000 元 / 套 / 人

购买理由: 为什么定位难用好?

2020 年底, 我们重新发现定位的价值后, 就第一时间去找出版社代理了定位全集。用定位, 上手快, 但要迅速提升自己, 最难的是什么呢? 难在用好。实际操作, 很考验从业人员对细节的判断。很多定位学员, 都是这个问题。我们想既然问题这么突出, 干脆就从问题入手, 把定位学员心中最难的问题, 帮他们找出来, 问出来, 再提供解决方案: 不能只读一本《定位》, 而要读定位全集, 从全局全盘掌握。

定位全集定价 1134 元, 从机械工业出版社获得代理权后, 我们算了一下, 如果只是卖定位全集, 挣不了多少钱。既然难在用好, 干脆我们就亲自下场教大家学、教大家用。原本教人学、教人用只是售后服务, 而有了它之后, 我们定位全集的售价就从 899 元上涨到 2000 元, 再到现在升级为用好定位研习班收 5000 元 / 人 / 2 天。一项售后服务, 直接让我们做成了

⊖ 关注微信公众号"广告常识", 回复"5", 即可获取卖货文案全文。

一个附加产品，一个新的产品，一个能长期滚动销售的新产品。

你看，为了卖好一个产品，我们硬是做出了一个新产品。我们常说，我们的文案卖货方法，不是卖货的理论，而是从 0 到 1 创业的理论。

如果你不知道怎么写卖货文案，
你就以问答的方式，
问出消费者购买时
最关心的主要问题。

然后边回答边解决消费者的问题，
边引诱他们购买，
再以一个好读的逻辑串起来。

疑难 6

怎么调动情感调整信息卖好非刚需产品？

案例 6：广告门 12 周年合辑^一

售价：288 元 / 套

购买理由：买下广告业的 12 年

我们写卖货文案，很少用情感去打动别人，基本是直接上利益，你信就来，不信则走。因为绝大多数情况下，情感诉求很难形成购买的对号入座，效果太不明显，需要更多的时间和大量的营销费用。

当时接到广告门的 12 周年合辑，第一感觉是不太实用。对方很诚恳，寄了三套给我们，特别重，我们被它的做工和用料彻底震撼了。我们猜想，广告门的老读者拿到这个杂志，哪怕没有学到技巧和干货，就算是拿来当装饰，都不会感到遗憾。

我们跟他们说，先把零售价提高到 320 元，制造价格锚。实际售价我们还是按照他们一直在卖的 288 元来。为了让产品看起来更有价值感，我们给产品改了一个新名字叫《门》杂志，这样听起来就是给全行业发行的。原来的 12 周年合辑，更像是一家公司的内刊，给读者的第一印象是跟我无关。因为改名，我们

─ 关注微信公众号"广告常识"，回复"6"，即可获取卖货文案全文。

当时还跟广告门的小伙伴争执了一番。我们当时已经准备好如果他们不同意，那我们这篇卖货文案就作废不发了。幸亏他们也很专业，最后还是理解并同意了我们的建议。

一切准备妥当后，就开始赤裸裸地打情怀牌。明确让消费者知道，吃这个情怀，就买。如果你不开诚布公打情怀牌，等消费者拿到产品，他可能就会说不是很实用，甚至骂人。

在这篇卖货文案中，我们采用了一个最简单的问答方式行文。如果你不知道怎么写卖货文案，你就以问答的方式，问出消费者购买时最关心的主要问题。然后边回答边解决消费者的问题，边引诱他们购买，再以一个好读的逻辑串起来。

我们开头就问"还有人看广告杂志吗？"，先破掉消费者的心理防线。

最后，哪怕是调动情感，卖情怀，我们写得还是非常具体——买下广告业的 12 年。288 元买的是 12 年的光阴岁月，是你和广告门之间的感情，是你跟广告门创始人之间的深情厚谊。

这时候，288元还贵吗？

后来，听广告门的小伙伴说，这个卖货文案，写出了他们的心声。广告门的老板劳博还特地在行业群里发红包推广这篇文案。

文案卖货，

如果只记住一句话，

就记住：

决定对谁说话。

疑难 7

怎么扬长避短把产品精准卖给需要的人？

案例 7：《0 到 100 万》^㊀

售价：79 元 / 本

购买理由：边缘自媒体人的生存之道

很多人会说，很多产品之所以好卖，是因为产品本身就很有名。其实，哪怕产品不太有名，也有不太有名的卖法。我们的微信公众号"广告常识"早年也没有现在这么大的名气。当时，我们要出书讲自己做自媒体的经验，怎么卖出去呢？我们把自己的经验，定位为边缘自媒体人的生存之道。

你们是头部，我们就是非头部，对不对？其实，非头部很多时候是更多人群，为什么？真正数一数二的企业，放眼中国有几家？真正在互联网风头的，又有几家？大部分企业，都是下沉市场里的中小企业，甚至是小微企业。同样，真正做得特别好的自媒体人还是少数，大部分的自媒体人都是边缘自媒体人。

我们定位清楚了，就解决了消费者非买我们不可的理由。再围绕这个需求之上的定位，从书名到整体

㊀ 关注微信公众号"广告常识"，回复"7"，即可获取卖货文案全文。

内容做好产品设计，后面对着精准人群，一下子就卖出去了。

文案卖货，如果只记住一句话，就记住：决定对谁说话。你一定要想清楚，你在对谁说话。

"

深耕一个行业，
开视野非常重要。

过了早期的技巧，
后期知道行业顶尖人士的
视野是怎样的，
做事会更扎实，
也更有底气。

"

疑难 8

怎么利用名人效应和故事把低价值卖出高价格?

案例 8：林桂枝创意课[○]

售价：99 元 / 份

购买理由：奥美文案女王，达人师父的创意课

"奥美文案女王"是卖业内，"达人师父"是卖业外。知道林桂枝是奥美文案女王的行内人，一定买。不知道林桂枝的，说一声达人大概率知道，达人师父的创意课，借势达人，一下就好卖了。

总的卖货策略就是：抱奥美和达人的大腿。

这个卖货文案，我们第一次没上物质价值，而是以讲故事唤醒精神价值为主。这个产品是以聊天为主的课程，没有特别实的东西。为什么我们还要卖呢？因为我们一直坚持，深耕一个行业，开视野非常重要。过了早期的技巧，后期知道行业顶尖人士的视野是怎样的，做事更扎实，也更有底气。

文案卖货，我们历来是反对讲故事的。这次我们违反了这个原则，就因为这个产品，不讲故事，真的很难卖出去。能被林桂枝的故事打动，就能接受这个

○ 关注微信公众号"广告常识"，回复"8"，即可获取卖货文案全文。

产品，而不能光靠产品本身就触动卖货。

当时这个卖货文案，效果出奇好，好到有人留言骂我们，说林桂枝这么大牌，还需要蹭达人的流量吗？有一个大佬还问我们："林桂枝给了你们多少钱，你们把她写成这样？"

林桂枝真的没有给我们钱，我们就是靠卖产品拿提成。之所以接这个项目，是因为我们真的很喜欢这个前辈对待专业的态度，我们希望更多人被她的态度影响。

最早，我们商务是拒绝了这个合作邀约的。

定位
越靠近销售场景，
越要放大购买理由。

疑难 9

怎么让一款产品从试销到全面升级长销？

案例 9：创意 72 变[⊖]

售价：82~192 元 / 份

购买理由：感谢它，让广告人不再害怕想创意

"创意 72 变"最开始试销的时候，是 72 张一套的创意头脑风暴卡，然后逐渐升级成 2 书 1 图 1 卡 1 库的整套产品。售价从 82 元到 100 元，再到 192 元。它很好地展示了产品怎么随着价格轮转迭代。

它的定位是创意实战全套工具，也很卖货，但还不是最卖货的购买理由。定位越靠近销售场景，越要放大购买理由。所以，我们一直说**定位解决的是你是谁，有的时候你是谁就是消费者的购买理由。但大部分时候是做不到的，还要再找角度缩小到一个消费者可感知的购买理由，才能卖出产品。**

这也是为什么，这里定位创意实战全套工具，卖货文案的标题却是"感谢它，让广告人不再害怕想创意"。

"

购买理由的切入点
一定要尖锐。

跟产品实际价值
无关的影响力
是增强信任、
快速下单的强大基础。

"

疑难 10

怎么单点突破动销一个组合产品？

案例 10：《毛线九日谈第一季》[⊖]

售价：59 元 / 本

购买理由：一本被广告圈严重低估的实战书

这个产品，是一个合集，9 位国内广告大咖，每人分享一堂自己的独门手艺。合集的好处是花样繁多，这个不喜欢，可能那个很合适。不足是水平不一致、不系统，消费者很可能会因为某个缺点，而否定整本书。

9 个人是分散的，力量无法聚焦，卖货文案写起来就很没有力道。所以，这本书卖得一直不温不火。直到 2018 年，华帝退全款爆火，空手的知名度也起来了，再加上团长等本来就是业界热捧的前辈，被低估似乎成了这本书的一个标签。于是我们从这个点切入，集中以团长、郑大明、空手三个有热度的作者去论证，果然效果远超过去，不仅清了库存，还不够卖。

从这个产品，我们学到两个很重要的卖货要点：一是购买理由的切入点一定要尖锐，二是跟产品实际价值无关的影响力是增强信任、快速下单的强大基础。

⊖ 关注微信公众号"广告常识"，回复"10"，即可获取卖货文案全文。

如果你始终没有找到
好卖货的产品核心价值，

要么你找的角度不对，
要么你做的功课不够。

疑难 11

怎么重新定位梳理出卖量的产品核心价值?

案例 11：冲突理论

售价：4000 元 / 2 天
购买理由：本土营销学冲突

2021 年，我们去叶茂中公司帮冲突理论做过一次梳理，写的广告语是"本土营销学冲突"。

冲突理论当时面临的一个状况是，华与华太会宣传，对它冲击很大。我们在《我看叶茂中》那篇文章里，就画过一个中国营销传播阵营地图，特地把华与华归为叶茂中开创的本土营销阵营下的一个公司。那幅地图其实是在帮叶茂中、帮冲突理论做防御。

这次梳理改动还是蛮大的，战略和4P都有所调整。一方面是把冲突理论是本土营销理论老大的领导地位明确喊出来，同时一天课改两天课，2000 元变 4000元。叶茂中后援会也是因为叶茂中跟新时代广告营销人有所脱节的一个人群补充。

当时为了让大家相信，本土营销，冲突理论是老大，我们做了大量功课，找到了很多无可辩驳的事实。第一，叶茂中公司服务完以后，核心话术或画面，企业十几二十年间沿用不改的，有二三十个案例，这在本土营销公司里是绝无仅有的，华与华都望尘莫及。第二，国民级金句，传播度很广的，它有将近 100 句，非常可怕。像这种案例一甩出去，就不用再多说废话。

这件事给我们最大的启发是：如果你始终没有找到好卖货的产品核心价值，要么你找的角度不对，要么你做的功课不够。

还原式卖货，

最大的好处是

身临其境的"煽动性"，

看的人会自行代入情景。

疑难 12

怎么身临其境还原使用体验"煽动"购买？

案例 12：定位大师课[⊖]

售价：999 元 / 人
购买理由：尽是花小钱创大营收的新定位核武器

定位大师课解决了我们听到的业界很多人对定位的一个质疑：定位已经过时，没有新发展。

听完这个课，我们觉得不是那么回事。"定位大师课"这个产品是一个简短但直击要害的、巩固疗效的、正本清源的入门课程。我们上完后，就直接把自己心存疑惑被解，得到的最震撼的结论当作了标题——以为是老调重弹，没想到尽是花小钱创大营收的新定位核武器。

这个卖货文案，把上课的所有重要环节全部还原出来，像一个文字版的课程体验回放。

它是典型的文案作者全程背书的卖货文案，还原式卖货，最大的好处是身临其境的"煽动性"，看的人会自行代入情景。像跟着我们预先体验了一把课程，只要他喜欢文案里还原的那种感觉，他又需要学习定位，他就一定会买。

⊖ 关注微信公众号"广告常识"，回复"12"，即可获取卖货文案全文。

当产品拥有
行业奇观式的震撼事实，

只要摆出来，
就能靠量大、稀缺、猎奇
卖高价。

疑难 13

怎么集合行业奇观大卖?

案例 13:《幕后大脑》[⊖]

售价：99 元 / 本

购买理由：104 位金牌广告人写的案头书

104 位金牌广告人一起写书，这个噱头就足够让消费者购买。这个产品唯一美中不足的是，定价有点高，没办法达到销量 5 万册的预期。我们可以靠书赚影响力，但对于出版社来说卖书是生计。尽管我们特别想前期赔本超低价起售，后期再恢复正常价格赚钱。但这可能会给出版社带来压力和风险，商业合作还是得考虑合作伙伴的利益，否则合作不会长久。

像这种 104 个总监或老板级别广告人写书，本身就是一种罕见的行业奇观，是吸引人购买的超强点。虽然售价 99 元，但是摊到 104 个人头上，其实价格不算高。

当产品拥有行业奇观式的震撼事实，只要摆出来，就能靠量大、稀缺、猎奇卖高价。

⊖ 关注微信公众号"广告常识"，回复"13"，即可获取卖货文案全文。

我们要把
潜在需求变成刚需，
通过卖货文案挑明。

具体操作上，
要借助潮流。

疑难 14

怎么把实用的产品卖给原本不需要的人?

案例 14：《幕后大脑 2》 [○]

售价：86 元 / 本

购买理由：2022 广告圈第一本热销书

广告人、创意人其实是很不注重方法论的，甚至有些讨厌方法论。而我们就是要把这个产品专门推给这群不喜欢，或者说不需要方法论的人。听起来挺自找没趣的。

但你仔细分析，会发现他们不需要，只是没有意识到自己需要。我们要把潜在需求变成刚需，通过卖货文案挑明。具体操作上，要借助潮流。现在正是营销咨询走在趋势上，这个时候向从业者卖方法论，比以前会容易。另外，要长期卖、坚持卖、一直卖，坚持之下，很多原来动摇的，就会被我们感染成交。

○ 关注微信公众号"广告常识"，回复"14"，即可获取卖货文案全文。

顶级的卖货文案，
应该是当人看完后，
产生这样的判断：
此时此地非买不可，
或者，
今生今世我用不上。

附录
文案卖货33条

　　以下是10年来，我们攒下的33条文案卖货不变法则。首次公开，供您参考。

　　1）消费者。第一，决定你要对谁说，适当迎合他们，适度引领他们，但别代替他们思考。第二，牢记第一点。

　　2）人性。好吃懒做、贪图享乐、贪财好色……人之本能。用爱吸引，用怕推进。

　　3）真诚。真诚是最强大的卖货武器，所有技巧的运用、利益的放大，都要基于事实。骗一次，毁一世。

　　4）测评日记。卖货文案不是写出来的，而是你熟悉产品、消费者、对手后，一步步在销售中测试出来的。我们能做的就是要像记日记一样，投入情感记录，而后大规模推广。

　　5）战略。位置决定价值，卖货文案，要上接战略，下抵货架。同样一句文案，表达战略值千万，只是卖货文章的一句话，只值一块。

6）购买理由。准确表达购买理由，是卖货文案的下限；引人信仰，一买再买，是卖货文案的上限。

7）形容。用好形容，才能快速讲清楚产品独一无二的差异点。不管你用名词做形容，还是直接用形容词，精准形容是考验卖货文案的基本尺度。

8）目的。万法皆由目的生，目的决定卖货的策略、手段和细节。

9）证据。没有信任无从卖货，事事有证据，句句有出处，不过度承诺。

10）通俗借势。用小学语文常用 3000 字写作，用乡野村妇都能听懂的话卖货，用人们熟悉的事去解释、去诱惑。

11）少讲故事。故事天然给人虚构的不真实感，让人感到天马行空在忽悠。除非你的故事，一听就和所卖产品有关，非讲不可，讲了可信。不然还是少讲。

12）重复坚持。有效的方法，要放大到所有事上，长年坚持使用，直到失效再改用新的。

13）短。删除所有废话，不能对卖货起作用的话一概不说。小丰文案辞典第一版卖货文案 5700 多字，洋洋洒洒信息太重，反而抑制了卖货，第二版砍掉 3000 字，销量提升 3 倍。

14）变。随时关注外界变化，一旦消费者的心理、对手能力、自身实力有变化，要第一时间，把新的信任状写进卖货文案，让它更有利于卖货。

15）结构。卖货文案是结构化的商业写作，每一句都指向卖货。先从你最先想到的那句开始写，一句一句写，最后再编辑裁剪。

16）聊天。好的卖货文案，就像聊天。没有慷慨陈词，不会假大空。就像每次跟亲朋好友聊天，自然而真诚地推荐你喜欢的东西。

怎样培养聊天的语感？多看解说、点评类综艺节目。

17）抄。所有同行都在替我们实践，我们也在替所有同行实践。凡是被同行验证过有用的方法，抄过来用就好。我们不是教你抄，注意风格化规避风险。

18）转换。把人们熟悉的东西，再一次卖给他们，比卖全新的东西容易得多。如果你正在卖一个全新的东西，至少要有一个点转换为他们熟悉的东西。

19）算账。大账算成小账，经济账算成情感账。把所有账算到消费者能接受的区间。

20）词性。如果说卖货，是洞察人性的过程，那么写文案，就是调动词性翻译人性的过程。不懂词性，没办法翻译人性。

21）筛选。当消费者看到第一句话时，筛选就开始了。能下单的都是卖货文案筛出来的。如果你确定你的卖货文案写得一流，就不要害怕有人读着读着就跑了。无关人员，看到最后也不会贡献销量。

顶级的卖货文案，应该是当人看完后，产生这样的判断：此时此地非买不可，或者，今生今世我用不上。

22）策略。卖货文案，直线未必最近。所谓卖货策略，你可以理解为，你为卖某个产品，而对售前、售中、售后的关键问题，事先制定好一套规则，然后用文案表达出来。

23）产品。亲自体验一次购买、使用产品的全过程，熟悉产品要像熟悉自己。不要为你没用过、你不相信、你不熟悉的产品写卖货文案，这是基本职业道德。

24）价格。产品的定量部分，卖货最难的部分。不要突破价格认知区间，超出认知区间要有合理的理由。老客户给最多优惠、早买多买多优惠、短期不降价。

25）多写熟练。你比别人聪明的可能性是有的，但更多的可能是你天天在做，做得比别人更持久就更容易成功。（叶茂中说的）卖货文案，犯的错足够多，离写得好就越来越近。

26）别怕长。价格稍微一高，关注就多，卖货文案就很难短。把消费者购买决策所需要的依据都写完即可，无论长短，不啰唆、别废话就行。

27）省。帮消费者省钱、省时、省事，更重要的是，试用、配图、视频要刻意省略关键部位，让消费者不买心痒痒。

28）脸皮厚。别觉得卖货低级，你从来没嫌弃过支付宝、微信、银行卡到账的声音。阿里巴巴、腾讯的电话销售，每天都在往外拨。会不会卖货，已经成为这一行从业人员至关重要的差异点。

脸皮厚，赚得多，赚得多，有面子。

29）热情。没有热情，说明你不爱，你不爱的东西，别人也不会想要抢。想想直播间、电视购物、列车上的推销员，哪一个不是无限热情？

卖货文案是帮人选购，乐于助人的事，一定要热情做。

30）知识。哪怕不买，也要让消费者看完卖货文案后，选购该产品的知识大增，判断力大升。

当他要买的时候，就会优先想到那个让他不买货也有所收获的我们。别让人走空，消费者就会一直追踪。

卖货文案，某种程度，就是给消费者提供购买这类产品的选择标准。

31）自制排行榜。消费者天然相信排行榜，自制排行榜，能帮助消费者减轻选购负担，也能很好地植入产品的购买理由，还能连带卖出更多产品。

人物简介、专家推荐信、经销商授权等，也是很好的植入点。

32）慎用情感。除非情感特别有转化力，否则慎用。即便使用情感卖货，也要以确定的利益打底。

33）扩散。要想卖得多，一定要发动消费者替你宣传，宣传理由要设置得合理，让他宣传不尴尬还有成就感。文案中，可适当鼓励团购、多买，让更多人买。

会卖货，更好过

后记
会卖货，更好过

产品是 1，营销是 0，让 1 和 0 的威力变成企业的规模和利润的是——卖货。

而卖货的底层逻辑，靠文案表达来实现。

写好卖货文案，相当于千万个人气主播替你叫卖、帮你赚。

过去 10 年，水滴石团队在众多产品上交叉反复验证，发现在中国今天的大环境下，在九大社交平台（微信、抖音、微博、快手、知乎、小红书、B 站、视频号、西瓜视频）开放的年代，不管是企业还是个人，只要会卖货，就能活得游刃有余、滋滋润润。

当然，我们有幸验证出这套文案卖货方法，首先要感谢过去一百多年，国内外广告营销大师们探索出的卖货规律。

与其说，是水滴石团队验证出了这套方法，不如说是我们基于这个时代企业和个人的卖货需求，继承大师们的经验，融合为一套更适合今天、更适合中国、更好用的文案卖货方法。

同时，我们要感谢10年来，不断给我们机会，和水滴石团队一起验证这套文案卖货方法的各大合作伙伴。这套方法不是生造出来的，是中国各种企业在卖货过程中一路测一路调出来的。

我们还要感谢正在阅读本书的你，是你们让这本书有了流传的可能。如果你觉得这套文案卖货方法实用，请推荐给你身边，想将广告营销推进到卖货，这一最初也是终极目标的朋友。

对于文案卖货这件事，我们发现很多人不是开不开窍的问题，而是太要面子，根本放不开手，撒不开腿，也张不开嘴。

一旦你犹豫了，你的卖货文案一定是写不好的，货也一定是卖不好的。

最后，让我们记住以下卖货信念，以共勉：

卖货，是企业基业长青的生命线

卖货，是广告营销公司的基本功
卖货，是个人职业生涯的核武器

不同的货卖给不同的人
有的卖给政府
有的卖给信徒
有的卖给领导
有的卖给下属
有的卖给伙伴
有的卖给投资人
大部分卖给消费者

个人要好过
要学会卖货

企业要好过
要学会卖货

我们不会写文案，我们只会写卖货文案。

水滴石团队

2023 年 12 月 8 日

参 考 文 献

［1］里斯，特劳特.定位：争夺用户心智的战争［M］.邓德隆，火华强，译.北京：机械工业出版社，2021.

［2］特劳特，里夫金.与众不同：极度竞争时代的生存之道［M］.火华强，译.北京：机械工业出版社，2011.

［3］叶茂中.冲突［M］.2版.北京：机械工业出版社，2019.

［4］瑞夫斯.实效的广告［M］.张冰梅，译.内蒙古：内蒙古人民出版社，1998.

［5］霍普金斯.科学的广告＋我的广告生涯［M］.李宙，章雅倩，译.吉林：北方妇女儿童出版社，2016.

［6］克朗普顿.文案之道：全球32位顶尖广告人亲述文案创作心法［M］.彭相珍，吕颜婉倩，祝士伟，译.北京：中信出版社，2012.

［7］法兰奇.文案之神［M］.刘可澄，译.北京：东方出版社，2021.

［8］埃里克·惠特曼.吸金广告［M］.焦晓菊，译.江苏：江苏人民出版社，2014.

［9］休格曼.文案训练手册［M］.杨紫苏，张晓丽，译.北京：中信出版社，2015.

［10］叶茂中营销策划机构.创意就是权力：迅速提升品牌与销量的叶茂中经验［M］.北京：机械工业出版社，2003.

［11］丰信东.小丰广告创作系列［M］.北京：东方出版社，2020.

致　谢

感谢以下朋友贡献力量，让《文案卖货》更好用。

封面设计、版式设计、操作图设计：何雯俊

营销编辑：于欢欢、杨文海、向昊瑾、武英姿、侯曼迪

封面视觉锤金笔喇叭渲染：暖光设计

内文排版：北京瑞东国际文化有限公司

感谢胡嘉兴兄弟，神交多年，终于有了开启合作的契机；

感谢解文涛兄弟，事无巨细地操心本书的内容到成书的大小事情；

感谢施锦慧设计了本书读本版的封面；

感谢王国任为本书封面设计提供的建议。

水滴石可能是中国营销咨询界最小而强的团队。

目前仅有 2 名创始成员，战斗经验加一起 27 年。

全案操盘过 20 多个品牌，

卖货能力上达战略、下抵货架，

曾创造 3 篇文卖出 1000 多万元销售额的纪录。

鬼鬼

水滴石团队创始人

鬼鬼是水滴石团队创始成员，用好定位创始人。

专注用好营销第 15 年，为 300 多个品牌定制行业传播。从 2022 年开始，跟 90 后营销咨询新锐代表人物泡泡搭档，从事营销咨询，已深入全案操盘 5 个品牌。

擅长文案卖货、图书出版、方法总结，**曾创造 3 篇文卖出 1000 多万元销售额的纪录。**

曾参与创办**里斯旗下克里夫定位研修院广州分院，任创始执行院长。**

曾就职于 isobar、天风证券等国际乙方、国内甲方，任文案、数字营销主管、项目负责人等职。

主讲"用好定位""文案卖货""用好冲突""系统打造营销方法论""营销升级第 1 课""广告走极端"等 **10 门热门营销方法论课程。**

策划出版《文案之神》《文案之道》《幕后大脑》等 **12 本营销案头书。**

据不完全统计，已为饿了么、卫龙、联想集团、能链集团、杰士邦、新浪湖北、仟吉、当代明诚、天风证券、美建联、叶茂中公司、里斯旗下克里夫、微念等 **30 多家企业提供培训服务。**

泡泡

水滴石团队创始人

泡泡是水滴石团队创始成员，用好定位创始人。

专注营销咨询第 12 年，全案操盘过 20 多家不同规模、不同阶段、不同问题的企业。

从 4A 公司 AE 入行，于营销咨询崛起。

后于华与华巅峰期任项目负责人 5 年，独立带队全案操盘李先生加州牛肉面、幸运方便面、赛普健身、唐山中心医院、青客租房、如钢等品牌，并在结束服务后，成为众多客户创始人的个人长期营销顾问。

此后，转战甲方，**以战略部负责人的角色，全面协助睿昂基因上市**。

此外，泡泡还主导了不少尚未到解禁期的新消费品牌的全案营销工作。

2022 年，搭档业内小有名气的自媒体"广告常识"创始人鬼鬼，**创办用好定位，开始"大培训，小咨询"的事业新征程。**

会卖货更好过
卖货就找水滴石

扫下方二维码，加水滴石团队微信，一次性团购300本《文案卖货》，送一次文案卖货培训。

如您认同本书的卖货方法，想找水滴石团队，帮您的企业打通卖货的任督二脉，让您的企业卖得更多、更快、更贵、更久。

我们提供了以下2种合作方案：

产品	产品优势	交付成果	时间
① 文案卖货培训	■ 从战略到货架，全程卖货的系统方法。	■ **系统导入文案卖货方法** 回到实操流程讲方法、划重点、解疑难。 ■ **带企业做卖货实操训练** 初步诊断企业当前卖货问题，带着做基础改善。	与企业商定
② 文案卖货专项	■ 围绕3角、4P、9状，帮你直接做出核心卖货文案和卖货设计。	■ **1次文案卖货企业培训** ■ **1本卖货文案手册** 包括战略定位、命名、广告语、信任状、企业文化、广告片脚本等。 ■ **1款卖货包装设计** 包括认知产品开发、产品命名、包装文案、包装设计、终端销售道具设计等。	6周

扫码加微信

（备注"卖货合作"通过）